G.CR

L'Aviation pendant la Guerre

PARIS
BERGER-LEVRAULT

Dessin de A. Matignon
d'après l'Illustration

L'Aviation pendant la Guerre

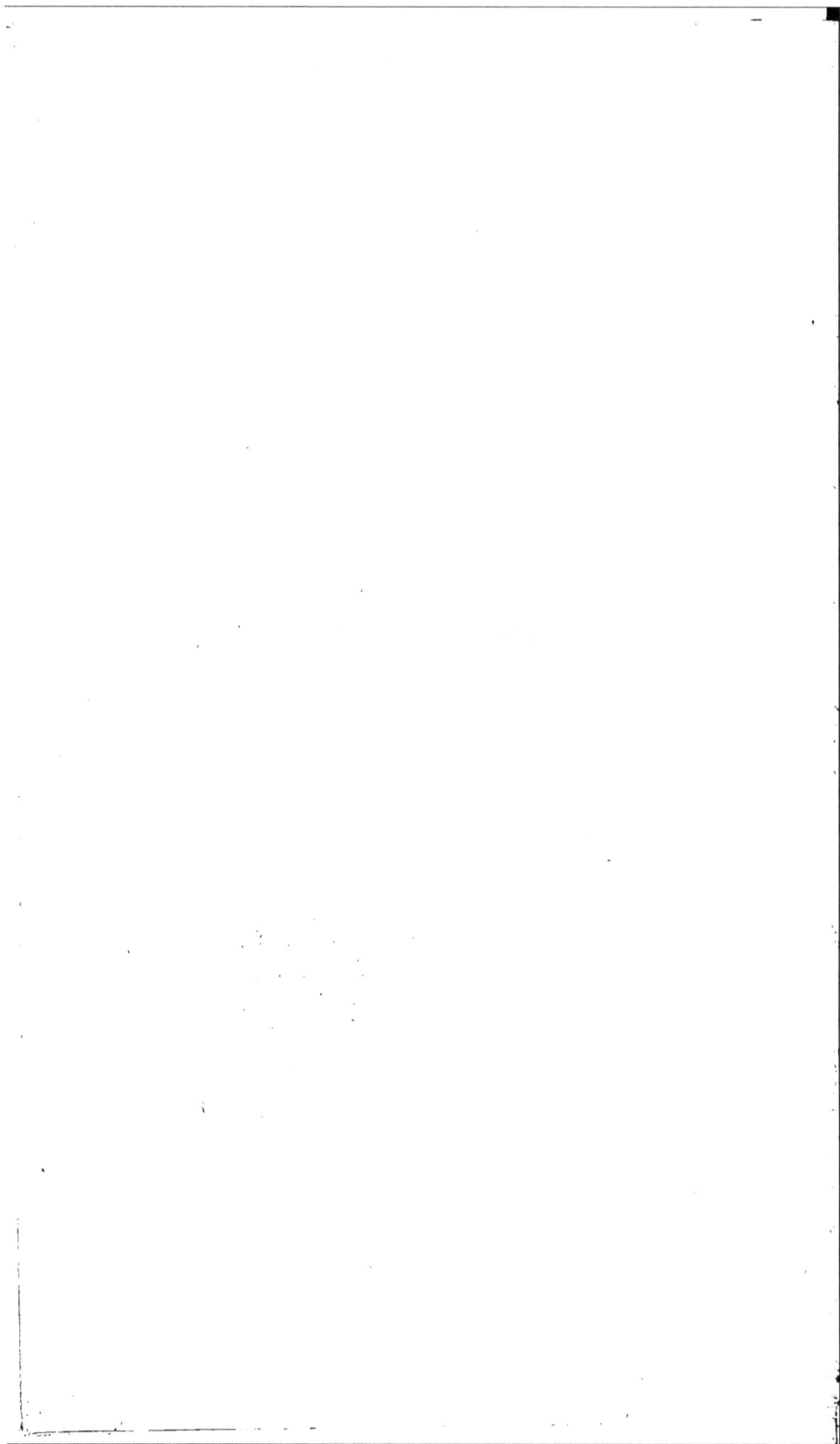

GUSTAVE CROUVEZIER

L'Aviation
pendant la Guerre

*Avec 94 Photographies, Schémas et Silhouettes des Avions
et Hydravions des Armées belligérantes*

Préface de Maurice BARRÈS

DE L'ACADÉMIE FRANÇAISE

NOUVELLE ÉDITION, AUGMENTÉE ET MISE A JOUR

LIBRAIRIE MILITAIRE BERGER-LEVRAULT

PARIS	NANCY
5-7, RUE DES BEAUX-ARTS	RUE DES GLACIS, 18

1916

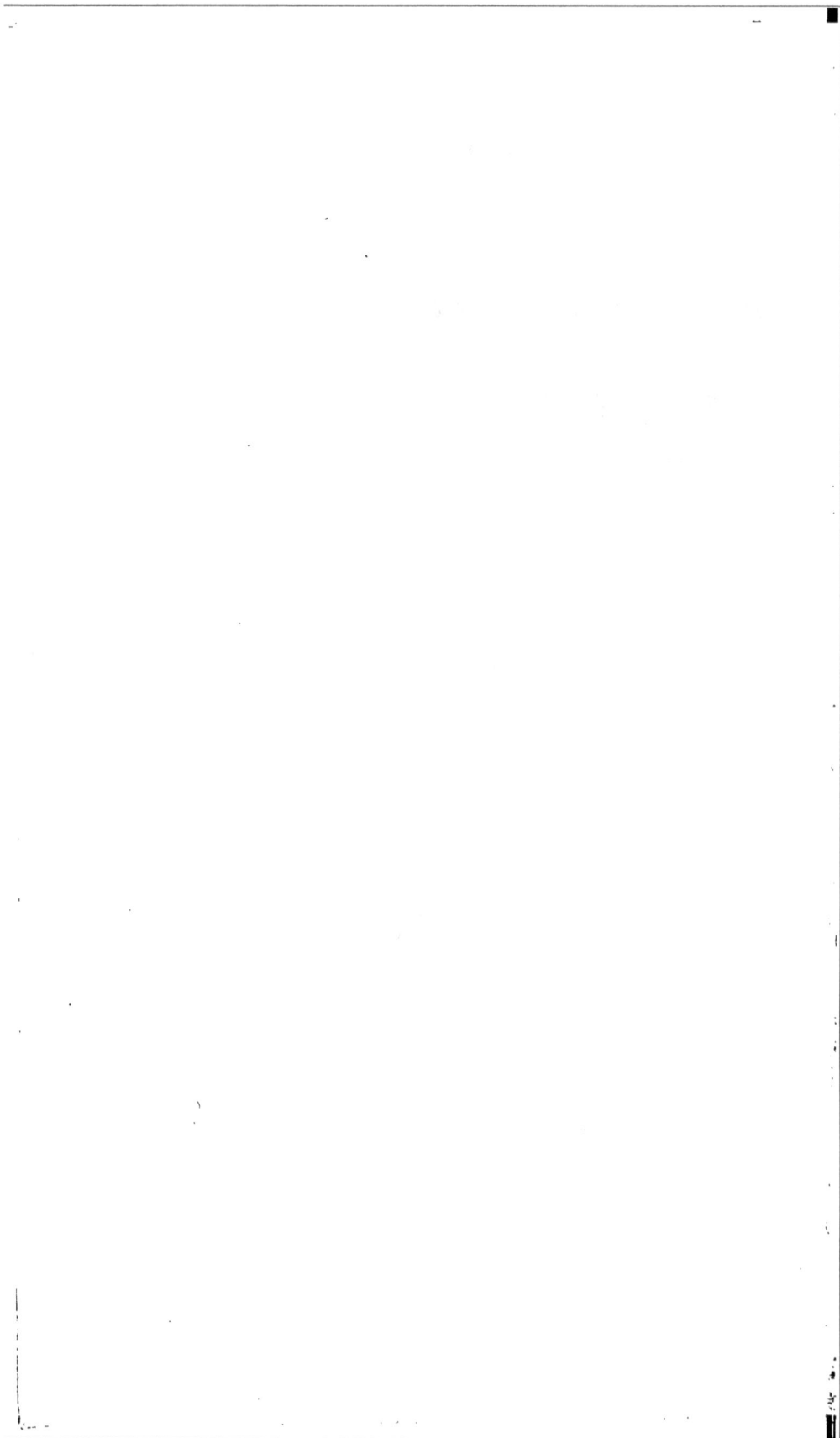

PRÉFACE

Le rôle de l'aviation ne cesse pas de grandir au cours de cette guerre. Nous pouvons nous en assurer en lisant les communiqués anglais et français. Notre armée des airs assaille les voies de communication, les gares, les parcs, les dépôts de munitions, les concentrations de l'ennemi sur l'arrière de son front et plus loin même, dans la zone du Rhin.

Voilà un rendement militaire que nous étions loin d'obtenir, on peut bien l'avouer aujourd'hui, dans les premiers temps de la guerre. Le nombre de nos avions s'est accru; il en sort chaque jour des ateliers; nous avons des écoles de pilotes, de mécaniciens, d'observateurs, de mitrailleurs, de photographes. Voyez encore cette centaine d'obus jetés sur Trèves. Nul doute, nulle hésitation, les résultats sont beaux, il faut redoubler d'efforts. Puisse la nomination de M. René Besnard être de bon augure!

Depuis des mois, les Allemands nous assaillent et nous pressent, nous les assaillons et les pressons. Leur première offensive est irrémédiablement brisée; nous ne leur voyons plus l'arrogance féroce, insensée, de leur marche sur Paris; c'est en vain qu'appelant le matériel au secours du moral, ils font marcher devant eux les nuages de gaz asphyxiants. Mais, de tranchée à tranchée, les forces paraissent s'équilibrer. Deux lutteurs s'affrontent sans s'ébranler. Allons-nous attendre que le temps qui tra-

vaille pour nous ait fait son œuvre, ou bien allons-nous consentir les sacrifices coûteux dont nous savons en effet qu'ils dégageraient notre territoire? Quelques-uns cherchent ailleurs l'instrument de décision. Ils regardent dans les airs en disant que nous pouvons déployer là-haut des aptitudes supérieures à celles des Austro-Germains ; ils pensent que nous devrions nous mettre en mesure d'ébranler à revers les forces allemandes ; ils disent que nous les dominerions sur l'arrière par l'aviation.

Le célèbre écrivain anglais H.-J. Wells dont les rêves sont pleins de logique, prévoit la création d'une flotte des airs innombrable. Il voudrait que les unités en fussent à la fois rapides et porteuses de charges puissantes. A cette heure, dit-il, nous avons deux espèces d'aéroplanes : la machine de reconnaissance, qui va aussi vite qu'un regard, et qui est, en effet, l'appareil visuel mobile, à grand rayon, d'une batterie cachée ; et puis la machine plus lourde, capable d'emporter des obus à grande capacité d'explosifs. Peut-on réunir dans un même type les qualités de ces deux espèces d'aéroplanes? Pouvons-nous construire des batteries puissantes au vol rapide, et les équiper en très grand nombre ?

C'était le rêve, me dit-on, du sénateur Reymond ; c'est le projet de ceux qui pensent qu'une puissante aviation d'offensive va nous donner la domination sur l'adversaire et rompre à notre profit l'équilibre tragique.

Comment passer à l'exécution ? Voici que nous avons un sous-secrétaire de l'aviation. Que lui demandons-nous ? Un matériel et des hommes, une surproduction d'appareils et de pilotes. C'est entendu, mais d'abord il faudra qu'il crée une méthode dans des services encore mal liés, dans l'aviation du ministère et dans l'aviation de l'armée.

Créer une méthode ! C'est pour M. René Besnard une tâche autrement lourde que celles qui ont été dévolues aux collègues qu'il va retrouver groupés autour du

ministre de la Guerre. Albert Thomas a trouvé dans ses
services des modèles et des procédés, un matériel qu'il a
pu communiquer aux industries privées qu'il mobilisait.
Godart, petit à petit, utilise les forces médicales qu'on
avait trop imparfaitement employées et unifie ses services. Thierry rassemble et surveille ; il porte l'œil du
maître sur des domaines démesurément agrandis par la
guerre. Le nouveau sous-secrétaire d'État n'entre pas
dans une maison toute faite qu'il aurait à élargir, à
surveiller, à adapter aux grandes circonstances de la
guerre : il doit construire ce qu'à cette heure il ne possède
pas encore.

Un personnel et un matériel, voilà ce que nous atten-
dons de lui, et, sitôt l'édifice à demi élevé, il faudra mettre
dessus un drapeau de la cinquième arme, le drapeau de
l'aviation.

C'est un difficile problème, mais posé d'une manière
urgente par la nécessité. Il s'agit que l'aviation, qui n'est
pas organisée comme l'artillerie pour produire son matériel, qui n'a pas ses écoles spéciales traditionnelles, qui,
jusqu'à cette heure, s'est bornée à solliciter les constructeurs sans pouvoir diriger leurs recherches, et à recruter
des pilotes sans leur offrir des avantages bien étudiés,
construise et arme les bi-moteurs énergiques, réclamés
d'abord par les gens à imagination, et puis aujourd'hui
par les esprits les plus positifs. On attend du nouveau
sous-secrétaire d'État qu'il construise dans le minimum
de temps le plus grand nombre possible d'avions, dont
la vitesse, le rayon d'action et la charge utile soient puissamment accrus, et qu'il recrute et dresse pour cette flottille
aérienne un équipage d'aviateurs, de bombardiers et de
mécaniciens.

L'aviation a besoin d'une impulsion qui ne soit ni politique ni administrative, mais gouvernementale. Une
tutelle dirigeante doit être exercée sur des rivalités et des
âpretés tenaces qui, pour être suscitées par l'émulation

la plus noble, celle du génie inventeur, n'en sont pas moins à discipliner et à coordonner. Comment cette grande tâche de défense nationale peut-elle être menée à bien? Les rapports de la Commission de l'armée *et diverses conversations que je voudrais employer (notamment des commentaires fort intéressants de M. A. Le Chatelier) peuvent nous en donner une idée. Je voudrais en prendre texte pour indiquer quelques directions au bout desquelles l'aviation va trouver son drapeau.*

La nomination de M. René Besnard est une opération politique. Ne perdons pas de temps à le souligner. Nous n'avons de parti pris que contre les Allemands. Appelé à collaborer à la défense nationale, M. René Besnard sera nécessairement préoccupé de bien faire. C'est le souci de tout Français mis en vue, et plus largement dans cette période tragique. Nous demandons au nouveau sous-secrétaire d'État pour l'aviation une puissante armée aérienne, qui s'en aille par-dessus les tranchées ébranler à revers les armées allemandes, bombarder leurs bases et nous mettre à même d'imposer notre décision dans cette guerre lente.

Les appareils sont à construire, le personnel à recruter.

A cette heure, l'aviation reste encore dispersée et confinée dans les efforts isolés de ses marques rivales.

Il y a émulation sans collaboration. Ce n'est pas la bonne volonté qui manque. Les constructeurs d'appareils et de moteurs se mettraient tous allègrement à multiplier, par séries innombrables, l'avion de victoire. Ils font de leur mieux en attendant. Ils sont aussi passionnés que les aviateurs, ces constructeurs : « Qu'on nous montre, disent-ils, le meilleur moteur, le meilleur appareil, nous n'en ferons pas d'autre. »

On ne le leur montre pas. On n'est pas outillé pour le leur montrer demain. Notre cinquième arme ne possède pas un matériel définitif, mis au point ; elle n'a pas, comme l'artillerie, ses manufactures et ses établissements.

S'agit-il d'amener à sa perfection un moteur qui est en bonne voie, où s'adressera-t-elle ? Comment répartir entre toutes les usines les études, les gabarits, les modèles d'un moteur à fabriquer en grandes séries ? Où réaliser les expérimentations coûteuses et risquées des grands avions de modèles inusités ?

A cette heure, tous ces soins, toutes ces charges incombent à l'industrie privée, aux divers fabricants qui courent la chance d'en tirer des profits compensateurs que l'on peut traiter d'excessifs. Ils mettent à la loterie.

La première tâche du nouveau sous-secrétaire d'État devrait être de rompre avec ce système injustifiable du chacun chez soi, et d'unir toutes les industries de l'aviation.

Est-il chimérique de concevoir la puissance industrielle de ces vastes établissements mise intensivement au service de l'aviation par un régime leur donnant rang et qualité de manufactures de guerre ? Des contrats de régie tiendraient à la disposition de l'Administration les ateliers et les fabriques qui lui manquent. Celle-ci, dès lors, réglerait à son gré le rendement et le prix du marché.

Si l'État se déclare incapable de procéder à cette unification, pourquoi ne se ferait-elle pas par la libre volonté des industries elles-mêmes ? Leurs chefs refuseront-ils d'assembler leurs forces et de constituer un consortium de guerre, un groupement syndical de la construction du matériel d'aviation ?

Les Allemands sont à Noyon. Il faut un grand effort. On l'attend de ceux qui furent les créateurs de l'aviation. Leur génie industriel et leur zèle patriotique ne font pas question ; leur défaut d'organisation d'ensemble est également certain. Il faut mettre notre cinquième arme à même d'avoir des idées qui embrassent, qui utilisent tout ce que l'industrie a de ressources. Quand l'aviation connaîtra ce qu'elle peut, elle saura mieux ce qu'elle veut : bi-moteur ou gros moteur, avion de chasse ou avion de bombardement. La première étape du salut par l'armée aérienne, c'est d'unir les constructeurs du matériel d'aviation, de mobiliser tous les établissements particuliers, fabriques de moteurs et ateliers d'appareils, et de constituer avec eux, d'une manière temporaire, une puissante manufacture, un établissement d'État pour la durée de la guerre.

J'entends bien que je demande là un gros sacrifice aux propriétaires de firmes puissantes et justement populaires. Mais si je ne les connais pas personnellement, ces grands industriels, je connais comme tous les Français leur zèle patriotique, décuplé depuis le début de la guerre. Au cas où ils m'accorderaient que les réflexions dont je me fais l'écho sont justes, je sais qu'ils ne s'arrêteraient pas longtemps à des objections égoïstes, et une fois de plus ils sacrifieraient leur sentiment propre à l'intérêt public.

Depuis un an, que de formes variées n'a pas prises l'union sacrée ? Les citoyens se sont efforcés de briser le cadre des partis et de s'unifier dans le culte de la patrie : l'armée a réussi à réduire tous les caractères et tous les talents sous la discipline du haut commandement ; dans la fabrication des munitions et des armes, les exemples abondent déjà d'industries privées se rangeant sous une seule volonté organisatrice, qui les porte à leur maximum de rendement. L'heure est venue d'organiser et d'intensifier la production nécessaire à notre armée aérienne. Il faut que les cloisons étanches soient brisées sous l'action gouvernementale, si M. René Besnard en trouve l'autorité, ou par la pression de l'industrie elle-même, fatiguée de rester impuissante faute d'une vraie méthode.

...Ces idées sur le matériel d'aviation doivent être complétées par des vues sur le personnel des pilotes. Nous devons les soumettre à l'examen de nos lecteurs et les verser dans la discussion publique, pour qu'elles y prennent l'appui du consentement général. On les trouvera exposées avec plus d'autorité et avec plus de détail, sous

la plume de M. A. Le Chatelier, dans la Revue Bleue. *C'est à M. René Besnard d'en assurer la réalisation ou de trouver mieux.*

La nomination du nouveau sous-secrétaire d'État, disions-nous plus haut, est une opération politique, que l'on justifie en invoquant la nécessité de remédier à l'impuissance des bureaux. Vous connaissez la thèse : il y a faillite administrative, et les politiques sauvent la situation... Ce n'est pas une thèse à laquelle je voudrais répondre tout court par un oui ou par un non. On aurait beaucoup à dire (en dehors de toute polémique) sur la situation où s'est trouvée une administration du temps de paix ayant à s'improviser administration pour la guerre. On en arriverait, je crois, à découvrir que la faute est dans l'imprévoyance des politiques qui avaient négligé d'étudier aucune organisation des Pouvoirs publics pour le temps de guerre. C'est ce manque d'appropriation du Parlement, du Gouvernement et de l'Administration qui constitue la gêne et la débilité de la direction à l'arrière. Je m'en suis expliqué à plusieurs reprises, ou plutôt j'ai essayé de m'en expliquer, toujours assailli par la censure, qui se méprend sur une vue d'historien et qui croit que j'attaque personne, quand je constate les conditions dans lesquelles se trouvent en temps de guerre, avec des devoirs de guerre, des pouvoirs civils outillés pour le temps de paix.

Dans l'urgente nécessité où nous sommes, je ne crois pas que le Parlement soit plus à même que l'Administration de trouver les solutions et de les appliquer. Il faut faire de la besogne proprement gouvernementale. Il faut décider et vouloir. Quand même ils auraient été le produit d'une combinaison parlementaire et le fruit des couloirs, les sous-secrétaires d'État sont maintenant en possession de la puissance gouvernementale. Qu'ils s'en servent pour agir et pour créer, pour s'en aller d'étape en étape vers l'organisation indispensable de la défense nationale à l'arrière.

Sommes-nous d'accord sur l'utilité et la nécessité d'une nombreuse armée des airs ? Il faut immédiatement construire des avions et mettre dessus des aviateurs.

Double tâche pour le nouveau sous-secrétaire d'État.

Nous aurons les appareils puissants et rapides s'il met à la disposition de notre aviation de combat la base d'une « manufacture » de guerre, constituée par l'adaptation d'industries puissantes. Qu'à son appel les firmes fameuses fassent leur « union sacrée ». Et puis (c'est la seconde tâche urgente), qu'il trouve le moyen de recruter un personnel nombreux et qualifié.

Ce personnel existe en puissance dans notre race.

Anglais et Français, à ce jeu nouveau, sont sûrs de tenir la tête, écrit le célèbre écrivain H.-J. Wells, et il en donne les raisons.

L'Allemand, que ce soit sur terre ou dans les airs, est l'homme de la grande masse ; il marche à condition de se grouper, de former des équipes avec un chef et une forte discipline. Le zeppelin répond bien à cet esprit. Dans cette grande vessie, nos Allemands sont coude à coude et ils obéissent à un commandant. Mais l'individu anglais est d'une autre essence. Il se suffit à lui-même ; il n'est pas un simple rouage, mais la machine qui a du coup d'œil et qui se décide vite. Nous pouvons en dire autant de nous autres Français.

Le Français s'est adapté complètement et tout de suite à la machine à voler ; il fait corps avec elle, lui aussi, il en est l'âme. Répétons avec Wells que, dans la liberté du ciel, nos hommes libres, Anglais et Français, se sont sentis chez eux et les maîtres. Dans cette guerre pénible, aveugle, industrielle, où le courage individuel est si mal satisfait, combien de nos soldats, au fond des tranchées, en voyant glisser là-haut l'avion léger, rêvent de s'évader avec lui dans les nues ! Débrouillard, amoureux de gloire, le fils des chevaliers a des aptitudes et du goût pour ces tournois de l'azur. Il voudrait enfourcher le cheval ailé, s'envoler...

Comment le mettre en selle et lui placer le volant dans les mains ? Comment utiliser les aptitudes de notre race ? Comment organiser le recrutement de ces « mécanos », de ces « parigots » habiles, audacieux ?

Une fois encore, nous voilà devant un problème d'organisation, toujours le même. Saurons-nous nous dégager et employer nos supériorités latentes propres ?

Le Parlement (dans les rapports et études de ses commissions) a bien fait la critique de l'état des choses. Il a fourni une statistique édifiante des professions de nos candidats à l'aviation de guerre. Ils appartiennent tous aux professions libérales. Sur vingt d'entre eux, ce ne sont que notaires, licenciés ès sciences, avocats, professeurs, tous gens des professions libérales, parfois un commerçant. C'est bien, mais nous voilà fâcheusement privés de ces mécaniciens de sport qui feraient le mieux l'affaire, car pour eux l'aviation avec son moteur et son pilotage n'est qu'un prolongement de l'automobile et de la motocyclette.

M. Le Chatelier me disait : « La question du personnel se ramène pour l'aviation de grande offensive au déclanchement du mécanicien. » En ce moment, le mécano de Paris ou de province travaille à l'usine du temps de guerre pour 8 ou 10 francs par jour ou bien dans les parcs de l'artillerie et les convois d'automobiles. Qu'un revirement d'idées, qu'une contagion d'exemple l'entraînent vers l'aviation de combat, le recrutement se transforme en nombre et qualité, et ce sera l'entrée en scène de milliers d'excellents candidats.

Le Parlement a bien vu que les bureaux n'avaient pas su nous procurer ce personnel nombreux et qualifié, mais lui-même n'a pas apporté le remède au mal.

Le Parlement est apte à la partie critique de la besogne. On attend la seconde partie réellement créatrice : on attend l'action gouvernementale.

Comment décider le mécanicien à quitter les positions

*profitables dont il a le choix pour l'amener à l'aviation,
où il trouvera d'abord 10 % de chances de se faire tuer ?
Je me rappelle que le marquis de Dion, avant la guerre,
était partisan du système des primes par sortie. C'est le
système anglais. Nous en causions avec Painlevé. Je crois
que cette manière de faire se rattache à tout un ensemble
d'idées et de mœurs qui ne sont pas dans notre tradition,
qui ne s'accorderaient avec rien de ce que nous faisons
dans les autres armes.*

*Le grand ressort en France, c'est l'honneur. Offrons
à ces ouvriers, à ces jeunes mécaniciens de sport, un galon,
un grade de guerre, qui tienne de l'officier mécanicien et
de l'officier marinier de la flotte.*

Dans la Revue Bleue, *M. Le Chatelier donne cette solu-
tion ; il en voit les difficultés, et les surmonte.*

*Il faut, dit-il, créer un grade d' « officier-pilote », parce
que la défense nationale en a besoin ; mais il faut en
même temps conserver son rang à l'officier de carrière,
qui a quitté son arme pour risquer davantage à bord d'un
aéroplane. Tout cela est fort conciliable.*

*A l'école, pendant son apprentissage, le jeune ouvrier,
futur « officier-pilote », reste soldat. Avec son diplôme,
le voilà caporal. Mais c'est peu d'avoir volé en aérodrome. Il faut aller au feu ; il y devient sous-officier, et
bientôt, par son baptême à l'ennemi et par quelques vols
qui comptent, il passe « aspirant ». Ensuite, des raids,
une part active aux entreprises des escadrilles de bombardement, et alors un dernier stage : celui de maître
pilote aux écoles du territoire ou du front. Trois mois
après sa sortie de l'école, il sera officier s'il a payé de sa
personne et fait ses preuves d'aviateur.*

*Il sera officier à la suite d'épreuves, à la suite de risques,
mais non par faveur. Tel sera son droit.*

*Quant à ces officiers de grande valeur, officiers de cava-
lerie, d'artillerie, d'infanterie, détachés à l'aviation, on
doit leur réserver certains services de front : le repérage,*

les reconnaissances tactiques, pour lesquelles leur instruction spéciale est nécessaire. Ils constitueront des
escadrilles « d'état-major », distinctes des escadrilles de
chasse et de bombardement. Et puis, la multiplication
des unités de combat créera des postes de commandement revenant de droit au grade le plus élevé.

Enfin ces officiers ne voient-ils pas que cette création
d'un grade spécial pour l'aviation met notre cinquième arme
en possession de son autonomie et qu'ils vont avoir la
joie de former et de commander les régiments de l'armée
des airs ?

Il faut agir. Nous sommes en temps de guerre, et dans
une phase où les forces, de part et d'autre, semblent
s'équilibrer. Notre effort national doit s'ingénier et redoubler. C'est plus que l'heure d'assouplir les formes de la
paix aux besoins de la guerre. Certes, sous la direction
d'un chef militaire de premier ordre, depuis un an, nos
avions se sont multipliés et fortifiés. Mais écoutez ce
qu'imprimait, dans son numéro du 16 septembre dernier,
la Gazette de Cologne :

Nos adversaires, pleinement conscients de la valeur que
présente l'aviation, font d'énergiques efforts pour accroître
considérablement le nombre de leurs pilotes militaires. Nous
ne les regardons pas sans rien faire.

Le vaillant corps d'aviateurs que nous possédions déjà en
juillet 1914 a été augmenté depuis lors dans des proportions
qu'un profane croirait à peine réalisables. Pour des raisons
d'ordre militaire, nous ne pouvons citer aucun chiffre.

Le salut public commande. Je ne veux pas croire que
la création du sous-secrétariat d'État pour l'aviation soit
une simple manœuvre politique et un épisode de la lutte
des bureaux et du Parlement. J'en attends l'intervention
de la puissance gouvernementale que réclament les néces-
sités de la défense nationale.

Puissent les idées dont je viens de me faire le simple

écho, dans la préface du très intéressant ouvrage que l'on va lire, être accueillies par le Gouvernement et par ceux qu'elles réorganiseraient ! Puissent les constructeurs faire leur « union sacrée » et mettre au point, d'accord avec l'aviation qui combat, l'avion de victoire digne d'être multiplié par séries innombrables ! Puissent les officiers aviateurs faire place ouverte parmi eux aux « mécanos » parisiens, aux mécaniciens de sport, et trouver leur remerciement dans les drapeaux que l'on donnera à leurs régiments aériens !

    Octobre 1915.

Maurice BARRÈS,

de l'Académie Française.

CHAPITRE I

HISTORIQUE DE L'AVIATION

Avant les expériences de Wilbur et Orville Wright, en 1908, l'aviation était presque inconnue en France. A part quelques essais, d'ailleurs sans grands résultats, et dont le principal fut le vol de Santos-Dumont, à Bagatelle, en 1906 (220 mètres, à quelques mètres en hauteur), et qui ne peut guère être considéré que comme un bond, l'aéroplane [ou avion (¹)] était encore, lors de l'arrivée des Wright en France, considéré comme une utopie. Cependant, bon nombre de chercheurs avaient la ferme conviction que le problème était soluble.

Les expériences des frères Wright au camp d'Auvours étaient à peine commencées, que Blériot, le 13 octobre 1908, puis Henri Farman, le 30 octobre 1908, effectuaient, chacun sur des appareils de leur invention et bien différents tous deux du système américain, les premiers vols de ville à ville. Ces deux exploits, quoique moins considérables en durée et distance que ceux de Wilbur Wright, n'en étaient pas moins un triomphe, car le départ et l'atterrissage s'étaient faits n'importe où, sur un terrain quelconque, tandis que Wright avait

(1) Le Français Ader avait construit et expérimenté un aéroplane en 1893, qu'il avait appelé *avion*. Ce terme est devenu d'usage courant durant ces dernières années.

besoin d'un système de rail et de pylône compliqué, pour pouvoir prendre son essor. Pour cette raison et pour d'autres encore (en particulier pour la commande de profondeur à l'avant, qui a été reconnue défectueuse et dangereuse), le système Wright, dit américain, fut abandonné.

L'aviation, née en France, car tous ses précurseurs sont des Français (Wright lui-même a conçu son biplan d'après les formes préconisées par le Français Chanute), devait y prendre une extension considérable et rapide. Notre pays est et a toujours été le berceau des inventions. Notre esprit ingénieux et inventif, animé par ces premières expériences, se manifesta bien vite, et une pléiade d'ingénieurs et de constructeurs travaillèrent ferme à la conquête de l'air.

Je ne voudrais pas énumérer (cet ouvrage n'y suffirait pas) les nombreux appareils expérimentés, ni citer leurs valeureux pilotes. Ils furent légion, et leurs exploits se succédèrent avec une rapidité et une progression extraordinaires (¹). Ces expériences, exécutées au grand jour, eurent un grand retentissement chez nos voisins, et la traversée de la Manche, par Blériot, le 25 juillet 1909, en même temps qu'elle consacrait définitivement l'aéroplane, en faisait aux yeux du monde un engin nouveau, dont, instinctivement, on songea à utiliser les remarquables qualités.

Les pays voisins commencèrent à craindre pour leur liberté. Après avoir assuré leurs possessions sur terre par une armée, sur mer par une flotte, il fallut songer à faire respecter ses frontières aériennes : à l'aéroplane, il fallut opposer l'aéroplane, puisqu'il n'existait aucun autre engin pour défendre la route de l'air. La flotte aérienne devint une réalité, et, de suite, toutes les grandes puis-

---

(1) De décembre 1909 à décembre 1912, soit en trois ans, le record d'altitude en aéroplane est passé de 453 mètres (Latham) à 5.610 mètres (Garros).

sances furent hantées par le souci d'une armée d'aéroplanes, capable de leur assurer la suprématie de l'air.

La conquête de l'air est la dernière victoire de l'homme sur la nature. C'est une victoire chèrement payée.

. . . .
La route de l'éther de tombeaux se jalonne ;
Mais toujours on avance, et le progrès est sûr.
Plus dur fut le combat, plus belle est la couronne.
Encore quelque effort, et le triomphe est mûr.
. . . .(¹)

La pesanteur a pris maintes fois sa revanche sur l'audacieux qui osait lutter contre elle, et le sacrifice fut particulièrement supporté par la France.

Les nombreux concours et circuits internationaux créèrent une vive émulation parmi les constructeurs, qui améliorèrent ainsi sans cesse leurs appareils. A l'étranger aussi, on commençait à étudier sérieusement l'aéroplane. Après avoir acheté des appareils français, les Allemands, d'abord, puis les Anglais et les Russes étudièrent des appareils de leur propre conception. Nous allons examiner succinctement les divers perfectionnements apportés aux avions pendant ces dernières années.

---

(1) Olivier BOURNAC, *Vers les Astres*.

Croquis de G. de Cordoue.

Halt! Wer da ?

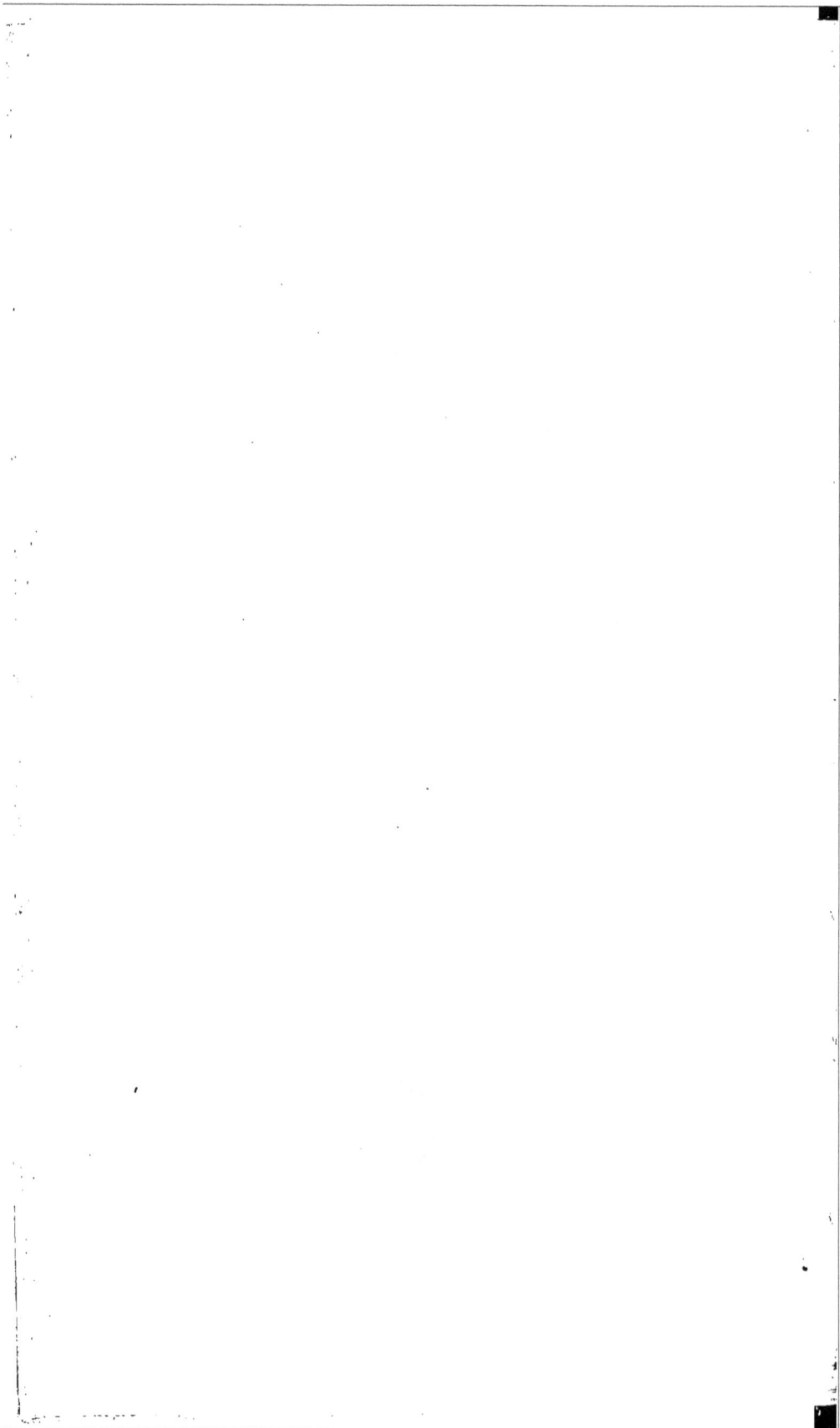

CHAPITRE II

DIFFÉRENTS TYPES D'AVIONS
MOTEURS FIXES ET MOTEURS ROTATIFS
EMPLACEMENT DE L'HÉLICE

I. *Types.* — Il existe deux sortes d'aéroplanes, les monoplans et les biplans, dont je crois inutile d'expliquer les différences, que tout le monde connaît maintenant.

Les premiers aéroplanes furent surtout des biplans, puis la vogue, qui était aux biplans, tourna subitement aux monoplans, lors de la traversée de la Manche par Blériot et des vols remarquables de Latham, sur monoplan Antoinette.

Depuis les débuts de l'aviation, chaque système a eu ses partisans et ses détracteurs. Les partisans du monoplan alléguaient que ce système était plus logique (par sa ressemblance avec l'oiseau), plus rapide et moins lourd, fournissant une grande vitesse avec un moteur relativement léger.

Les biplanistes, au contraire, prétendaient que leur système était le seul pratique, permettant d'enlever une grande charge utile, avec des dimensions à peine supérieures, souvent égales à celles du monoplan.

« Le biplan, c'est la poutre armée inflexible, offrant il est vrai plus de résistance à la pénétration, mais garantissant son pilote contre tout danger de rupture d'ailes. » (Capitaine Saconney.)

Les biplans arrivent d'ailleurs aujourd'hui à égaler et même à dépasser la vitesse des monoplans.

Au début de la guerre, nous possédions à peu près autant de monoplans que de biplans. L'expérience a montré que le biplan était préférable au monoplan, car tous les derniers appareils livrés à l'armée sont des biplans.

L'aéroplane doit, en effet, emporter au moins un passager, que ce soit pour les repérages d'artillerie ou les reconnaissances aériennes. Le pilote s'occupe uniquement de l'appareil; le passager prend des notes ou jette des bombes. Or, lorsque des monoplans sont biplaces, leur vitesse ne dépasse pas, avec des moteurs de force sensiblement égale, celle des biplans biplaces. Les monoplans présentent, en outre, d'autres difficultés : ils grimpent lentement lorsqu'ils sont chargés, ils ont une charge utile inférieure à celle des biplans et ne permettent que bien difficilement de voir ou de tirer. Par contre, ils permettent à un pilote seul (comme l'a fait souvent Garros) de se défendre avec avantage contre un avion ennemi.

Deux aviateurs qui montaient un monoplan sont passés parfois à 200 mètres d'un avion ennemi sans le voir. On a remédié partiellement à cet inconvénient en créant des appareils dits à vision totale, tels que les monos « parasols » Morane-Saulnier et Blériot.

Quant à la question solidité, elle a été pour beaucoup dans les accidents sur monoplans, en particulier sur ceux dont les ailes sont gauchissables. Le gauchissement entraîne, en effet, une construction souple, peu rigide et obligeant l'aile à des torsions et le tissu à des tensions différentes, très nuisibles à la solidité et à la vitesse.

Presque tous les biplans actuels sont à gauchissement des extrémités arrière des ailes seulement, ou à ailerons conjugués.

II. *Moteurs*. — Dès l'apparition du moteur rotatif, le

moteur fixe a été à peu près totalement abandonné en France. Le moteur rotatif, dont les cylindres tournent avec l'hélice, autour d'un axe fixe, a des avantages, entre autres la légèreté et le peu d'encombrement. Cependant, il ne possède pas la durée et la régularité de marche des moteurs à circulation d'eau, qui fournissent une puissance constante, aussi bien à la première heure de marche qu'à la cinquième ou sixième heure. Un moteur a un fonctionnement d'autant plus parfait que son refroidissement est meilleur. Dans le moteur rotatif, le refroidissement se fait uniquement par la rotation au contact de l'air.

Les Allemands, à tort ou à raison, emploient à peu près exclusivement le moteur à circulation d'eau, avec radiateurs de refroidissement placés latéralement au fuselage. Il en existe de deux modèles, un de 100 HP et un de 165 HP de la marque Mercédès, d'un fonctionnement parfait, mais ils sont lourds et assez encombrants.

Quant à la question de puissance, on a une tendance à augmenter de plus en plus la force des moteurs, sans augmenter sensiblement les dimensions de l'aéroplane, ce qui a pour effet de donner un peu plus de vitesse, de permettre une charge utile appréciable et surtout de « grimper » vite.

III. *Matériaux de construction.* — On construit maintenant les avions beaucoup plus robustes qu'au début. Le nombre des accidents, d'ailleurs, proportionnellement aux kilomètres de vols, a considérablement diminué ([1]).

Les fuselages sont très souvent en tube d'acier, le reste en frêne et les nervures en contreplaqué bouleau. Quant à la toile, elle est tendue, rendue imperméable et lisse par des enduits spéciaux, qui ne nuisent pas à la solidité du tissu. Certains appareils, comme le biplan

---

(1) En 1908, une mort pour 1.600 kilomètres de vol.
En 1910, — 33.000 —
En 1912, — 140.000 —

Voisin, peuvent rester plusieurs mois exposés aux intempéries sans se détériorer aucunement.

Le tissu caoutchouté, primitivement employé, n'est plus utilisé en raison même de la dessiccation du caoutchouc au soleil et de la rugosité du tissu, qui nuit à la vitesse.

IV. *Formes générales.* — Les monoplans n'ont guère changé de forme. Par contre, dans les biplans, on a apporté certaines modifications, entre autres la diminution d'envergure du plan inférieur, pour éviter de heurter l'extrémité de l'aile contre le sol, lorsque l'atterrissage se fait avec vent de côté (en « chevaux de bois »).

Pour éviter le capotage, assez fréquent dans les appareils biplans à hélice à l'arrière, certains constructeurs (Voisin, Bréguet et Sanchez-Besa) ont adopté le système à quatre roues imaginé par Charles Voisin, et qui rend le capotage impossible.

Quant au V très ouvert des ailes, que l'on voit appliqué dans la construction de la plupart des biplans allemands, je ne m'explique pas l'avantage qui peut en résulter, et c'est là, je crois, plutôt une fantaisie qu'une heureuse modification. D'ailleurs, les plus récents appareils allemands sont à ailes dans le prolongement l'une de l'autre (Voir p. 73).

V. *Mitrailleuses sur avion et importance de l'emplacement de l'hélice.* — Les avions sont construits, les uns avec hélice à l'avant, les autres à l'arrière des grandes ailes. Il y a là un point très important, auquel peu de constructeurs avaient songé avant la déclaration de guerre. Au point de vue rendement, il n'y a aucune différence, car, dans le cas de l'hélice à l'avant, celle-ci tourne dans un air pur, mais les plans porteurs reçoivent un air troublé, tandis que dans le cas de l'hélice à l'arrière, le contraire se produit, les plans porteurs attaquent un air pur, tandis que l'hélice tourne dans un air troublé.

Mitrailleuse montée sur monoplan Deperdussin, avec protège-corps.

(Le pilote est à l'arrière.)

Mitrailleuse montée sur biplan Voisin de bombardement.

(Le pilote est à l'avant.)

Mais, lorsqu'il s'agit d'utiliser l'avion pour l'observation ou le tir, l'emplacement de l'hélice entre en jeu. *Une hélice à l'avant gêne à la fois la vision et le tir.* Elle gêne la *vision*, parce que, placée à l'avant, le pilote et le passager se trouvent sur les ailes et ne voient que bien difficilement sous eux. Quelques constructeurs ont pratiqué des échancrures aux ailes, latéralement au fuselage, pour remédier à cet inconvénient, mais, malgré cela, la vision reste cachée en partie par les plans.

D'autre part, l'hélice à l'avant empêche de tirer sur un avion ennemi, car on craint d'atteindre l'hélice, qui se brise comme du verre au moindre choc. On ne peut donc que tirer latéralement (et on risque encore de sectionner un tendeur et un hauban).

Dans les biplans à hélice à l'avant, le tir est à peu près impossible. Il ne peut se faire qu'au-dessus (devant et derrière), difficilement dans les deux cas.

Dans les monoplans à hélice à l'avant, on a remédié à cet inconvénient en surélevant la mitrailleuse, qui peut ainsi tirer au-dessus du champ de rotation de l'hélice, mais le mitrailleur est debout, position bien peu pratique pour un bon tir et assez dangereuse, malgré le protège-corps qui garantit une grande partie du corps de tireur.

Pour toutes ces raisons, l'hélice à l'arrière a donc un gros avantage. Elle permet un champ de visée presque total, grâce au fuselage que l'on peut allonger d'une bonne longueur hors de la cellule, comme dans les biplans Voisin, Caudron, Henri Farman, M. Farman et Sanchez. Quant à l'observation et au repérage des batteries ennemies, le passager n'a qu'à se pencher sur le côté du fuselage, à droite ou à gauche. Rien ne gêne la vue.

Il est bon de noter ici que les biplans allemands, comme leurs monoplans, ont l'hélice à l'avant (hélice tractive).

Un monoplan, le Morane-Saulnier parasol, grâce à sa

vitesse remarquable, a permis à quelques pilotes adroits (Garros entre autres) de descendre un bon nombre d'avions ennemis. L'hélice, quoique placée à l'avant, ne gêne pas le tir car elle est munie, dans la zone de tir de la mitrailleuse, d'une gouttière en acier, qui fait glisser les balles (invention de Garros).

Les constructeurs Morane-Saulnier ainsi que Nieuport (Voir photo p. 47) ont construit des petits biplans très rapides (160 km. à l'heure), qui sont de véritables *moteurs ailés,* tant l'envergure est faible par rapport à la puissance motrice (nos aviateurs les appellent « bébés »). Une mitrailleuse, placée au-dessus du plan supérieur, permet au pilote de tirer très facilement sur un avion ennemi en se maintenant au-dessous de ce dernier. Ces nouveaux avions de chasse, adoptés définitivement par l'armée, sont très redoutés de leurs adversaires, surtout en raison de leur vitesse, supérieure à celle des avions ennemis les plus rapides.

VI. *Avions-canons.* — Un certain nombre d'avions sont pourvus maintenant d'un canon spécial, à tir rapide, du calibre de 37^{mm}, du poids de 150 kilos avec ses munitions, monté sur un dispositif absorbant le recul. Ce canon permet non seulement le tir contre objectif aérien, mais aussi contre objectif terrestre. Quoique cet engin constitue un poids mort appréciable, cet inconvénient est largement compensé par les résultats obtenus. Nos avions-canons ont plusieurs fois livré combat avec succès contre des Fokkers, les plus rapides des appareils allemands.

VII. *Avions à plusieurs moteurs.* — S'inspirant du biplan Sikorsky, que nous décrivons dans le chapitre consacré à l'aéronautique russe, plusieurs constructeurs français ont effectué des essais d'avions munis de plusieurs moteurs.

Deux appareils de ce genre sont actuellement en service; ce sont :

1° *Le biplan Caudron bi-moteur* (Voir photo p. 39). dont la forme est à peu près celle du Caudron ordinaire, mais de dimensions plus grandes et avec quatre gouvernails de direction. Muni de deux moteurs rotatifs Le Rhône de 80 HP actionnant chacun une hélice tournant toutes deux dans le même sens, cet avion peut emporter une forte charge d'explosifs (500 kilos de charge utile), est muni d'une mitrailleuse et est en outre très rapide, puisqu'il peut servir d'avion de chasse.

Les deux groupes moteurs sont placés latéralement à la nacelle ou « carlina », qui avance hors des plans porteurs, comme dans les biplans Voisin et Farman. L'observateur et le pilote sont installés de façon confortable et les commandes des moteurs respectifs sont placées devant le pilote.

2° *Le biplan Caproni-Esnault-Pelterie tri-moteur.* M. Esnault-Pelterie, l'ingénieur-aviateur bien connu, a établi, de concert avec les ateliers italiens de construction d'avions Caproni, un biplan géant à deux fuselages, muni de trois moteurs : deux moteurs de 80 HP Le Rhône rotatifs, placés de chaque côté de la nacelle et actionnant chacun à l'avant une hélice, et un moteur de 140 HP Canton-Unné, fixe, placé à l'arrière, comme dans le biplan Voisin, et actionnant également une hélice à l'arrière.

L'appareil, disposé pour recevoir cinq passagers : un observateur, deux pilotes et deux mécaniciens, peut être armé de deux mitrailleuses et d'un canon de 37^{mm}. A l'avant se trouve le canon et une mitrailleuse un peu au-dessus, actionnés par l'observateur; à l'arrière, une mitrailleuse montée sur tourelle surélevée permettant le tir en tous sens.

Les avions Caudron et Caproni présentent le grand avantage de pouvoir, en cas de panne d'un des moteurs, continuer leur route avec le ou les autres moteurs sans nuire à la stabilité. L'avion va moins vite, mais, si on l'allège de ses explosifs, il peut continuer sa route en maintenant sa hauteur.

Mais l'avantage principal de ces titans aériens est le poids d'explosifs qu'ils peuvent emporter. Il ne nous est guère permis, on le comprendra facilement, de donner des indications plus précises. Disons seulement que c'est plus d'une tonne d'explosifs que transporte aisément le biplan Caproni. Ce sont les cuirassés de l'air, dont la puissance destructive est un important facteur pour le succès final. Le communiqué officiel du 18 mai 1916 mentionnait que deux de nos avions ont jeté quatre-vingts obus sur la gare de Metz-Sablons. Voilà des résultats qui sont à la gloire de nos constructeurs et de nos aviateurs.

Mentionnons encore les nouveaux appareils biplans 200 HP Bréguet-Michelin de bombardement, qui ont 800 kilos de charge utile et sont munis d'un appareil de visée inédit et d'une précision vraiment remarquable.

Les Allemands ont établi également plusieurs avions de grande envergure :

1° Un bi-fuselage L. V. G., bi-moteur, de 300 HP (2 moteurs de 150 HP), dont la charge utile est faible, car l'avion est alourdi par un épais blindage. C'est en combattant un avion de ce genre, qui peut faire 60 ou 130 kilomètres à l'heure, à volonté, que Pégoud a trouvé la mort. Une balle ennemie l'a atteint au cœur, alors qu'il venait de décharger une bande de cartouches sans aucun résultat, celles-ci s'aplatissant sur le blindage ;

2° Un monoplan Fokker, blindé autour des sièges des passagers, actionné par un moteur de 150 HP, avec deux mitrailleuses dont une en tourelle, et emportant trois passagers. C'est surtout un avion de combat, ayant pour mission de garder les lignes contre l'incursion d'avions de bombardement ou de reconnaissance.

CHAPITRE III

ÉTAT DE L'AVIATION MILITAIRE
DES DIFFÉRENTES PUISSANCES BELLIGÉRANTES
A L'OUVERTURE DES HOSTILITÉS

EN FRANCE

L'aéronautique française a été créée par le général Roques et organisée par le général Hirschauer, qui ont fait de notre aviation, sinon la plus nombreuse, du moins un modèle du genre, à la fois pour l'organisation et pour les services que nous rendent journellement nos aviateurs.

L'aéronautique, qui comprend l'aérostation et l'aviation, a à sa tête un directeur, ayant sous ses ordres deux inspecteurs permanents à la tête de chacun des deux services.

Les centres d'aviation, créés aux endroits les plus propices et dont l'emplacement avait été étudié judicieusement, étaient assez nombreux et pourvus de vastes hangars, d'ateliers, de magasins d'accessoires et pièces de rechange, d'un laboratoire de photographie, d'un poste de télégraphie sans fil et surtout d'un matériel roulant automobile fort bien compris, composé de camions-tracteurs, voitures-bâches, chariots, remorques et voitures automobiles rapides (torpedos) de liaison. Tout ce matériel assure le déplacement rapide des appareils et du personnel, et la transmission des ordres et des résultats de missions dans un laps de temps très réduit.

Il existe, pour l'instruction et l'apprentissage des pilotes, trois écoles militaires : Reims, Pau et le camp d'Avord, et un centre de perfectionnement : Saint-Cyr.

En outre, de nombreuses escadrilles sont réparties dans les centres militaires de l'Est : Belfort, Épinal, Toul, Nancy, Verdun, Châlons, le Bourget et le camp retranché de Paris.

Enfin, les différentes écoles civiles se trouvant en

Une escadrille complète et son matériel roulant.

(Au premier plan,
voiture du commandant et des pilotes ; derrière, camions-tracteurs
remorquant les fourgons, contenant les avions démontés.)

France permettent les escales et le ravitaillement, l'abri même aux aviateurs qui atterrissent.

Les avions, répartis par escadrilles (l'escadrille compte en général six appareils du même type), sont vérifiés et entretenus par un personnel spécialisé dans la partie (mécaniciens, menuisiers, ajusteurs, etc.). L'escadrille est formée d'appareils du même type et de même marque. A la déclaration de guerre, nous avions à peu près autant de monoplans que de biplans.

Le corps des aviateurs, composé d'officiers, de sous-officiers et de soldats, appartenant à toutes armes, comptait au moins 1.200 pilotes brevetés militaires ([1]), plus nos aviateurs civils, dont on connaît les remarquables qualités, ce qui constituait un ensemble excessivement précieux, renforcé par des officiers d'état-

Camions-tracteurs pour transporter les avions, porter les pièces détachées
et ravitailler en essence et huile.

major, observateurs déjà habitués aux reconnaissances aériennes.

([1]) Munis du brevet militaire, qui comporte deux épreuves de 150 kilomètres chacune, à 800 mètres d'altitude minima, et une épreuve triangulaire de 200 kilomètres avec atterrissage aux deux points intermédiaires.

Pendant les six premiers mois de guerre, l'ensemble des escadrilles anciennes et nouvelles a exécuté environ 10.000 reconnaissances, correspondant à plus de 18.000

Une revue d'escadrilles au centre de .....

heures de vol. Ces vols cumulés représentent une distance parcourue de plus de 1.800.000 kilomètres (quarante-cinq fois le tour de la terre). A titre de comparaison, nous indiquerons que, en 1912, la totalisation

Un centre militaire français. (Photo prise par avion.)

des distances parcourues pendant l'année atteignait 507.900 kilomètres, soit, pour six mois, environ 250.000 kilomètres. Par ces seuls chiffres, on voit l'effort accompli par nos aviateurs depuis la déclaration de guerre.

Si les services rendus ont été immenses, il ne faut pas manquer de constater qu'ils sont dus aussi un peu à la valeur des appareils et des moteurs. Nos avions sont divisés en deux types différents : les *appareils légers*, dits de cavalerie ou d'artillerie, et les *appareils lourds*, de reconnaissance et de bombardement. Cette distinction existe d'ailleurs également dans l'aviation anglaise et l'aviation italienne.

Les appareils légers sont le plus souvent des monoplans ; ils doivent être rapides et peu encombrants (monoplaces ou biplaces) et ont pour mission de suivre l'artillerie et la cavalerie et d'aller survoler rapidement l'ennemi pour en repérer l'emplacement ou les mouvements.

Mais la plus grande partie des avions actuellement employés, tant en France (surtout Bréguet, Caudron, Farman et Voisin) qu'à l'étranger, sont du « type lourd », biplans, pour les raisons que nous avons exposées précédemment : vitesse presque égale, charge utile plus grande, facilité de tir contre les avions ennemis et faculté d'emmener plusieurs passagers.

EN ALLEMAGNE [1]

Durant ces dernières années, l'Allemagne a fait des efforts énormes et a consacré beaucoup d'argent pour s'assurer la première place en aviation.

---

[1] L'Allemagne et l'Autriche-Hongrie utilisent des appareils des mêmes marques, et leurs aviations respectives peuvent être, pour l'étude, réunies en une seule. L'Autriche ne possède d'ailleurs qu'une seule fabrique d'aéroplanes, celle des monos Etrich, employés par les deux pays.

Puissamment aidée par le Gouvernement et aussi par la souscription nationale (7.200.000 marks), l'aéronautique militaire allemande, grâce à cet important concours financier, a pu mettre en ligne, à la déclaration de guerre, un nombre d'avions sensiblement égal, peut-être même un peu supérieur au nôtre. Les aéroplanes étaient fournis par les marques suivantes : *A. G. O., Albatros, Aviatik, Etrich, D. W. F., Gotha, Halberstadt, L. V. G., Kondor, Otto, Pfeil* et *Rumpler.* Presque tous sont munis du moteur fixe 100 HP Mercédès, à circulation d'eau, qui est, comme nous l'avons dit précédemment, un moteur lourd et encombrant, mais régulier. Quelques avions seulement sont munis de moteurs Daimler, Argus, N. A. G. et Hilz.

On a pu remarquer que les avions allemands étaient très rapides, grâce à leur puissant moteur, et aussi à leur faible charge utile. A ce sujet, il faut observer que l'utilisation d'un moteur puissant peut avoir deux buts : ou bien on utilise l'excès de force du moteur pour enlever du poids (passagers et explosifs, ce qui s'obtient en augmentant l'incidence et la surface des plans, mais ce qui diminue la vitesse ou la maintient stationnaire), ou bien l'excès de force du moteur sert à aller plus vite, sans permettre d'emporter une forte charge. Ce dernier système a été adopté par les Allemands. Si leurs avions vont plus vite que quelques-uns des nôtres (c'est d'ailleurs peu sensible), ils ont une charge utile plus faible.

Il faut cependant reconnaître l'effort fait en Allemagne pour encourager les constructeurs, effort qui a manqué en France, où l'on a moins poussé à l'excès tout ce qui touchait à la guerre. Nous avons entendu un Allemand critiquer sévèrement, et non sans raison, les prouesses de « haute école » qu'effectuaient nos aviateurs dans les exhibitions, et qui n'avaient aucun intérêt militaire tout en présentant de sérieux dangers.

Quelques mois avant la guerre, le Gouvernement allemand, après sélection judicieuse, ne commandait plus que trois sortes d'appareils, tous biplans : Albatros, Aviatik et L. V. G.

Au point de vue matériel accessoire, l'Allemagne n'a pas négligé de dépenser largement. Les hangars, stations et terrains d'atterrissage sont nombreux et bien agencés. Mais les pilotes aviateurs sont d'une valeur nettement inférieure aux nôtres et aux Anglais. Il faut un tempérament et des qualités spéciales pour faire un bon pilote, qualités qui se résument ainsi : sang-froid, prudence, courage, énergie et endurance.

La plupart des bons pilotes que l'Allemagne possédait à la déclaration de guerre ont été tués ou faits prisonniers, parce que ce sont les seuls qui aient affronté les « risques du métier ».

EN ANGLETERRE

Avant la guerre, on croyait volontiers que l'aviation en Angleterre était moins développée qu'en France. C'était là une grosse erreur, et les hardis exploits des pilotes anglais ont montré à la fois la valeur de ceux-ci et la qualité de leurs appareils.

La *Royal Aircraft Factory* (le Châlais-Meudon anglais) a construit de nombreux appareils expérimentaux, qui ont permis de doter l'armée anglaise d'appareils remarquablement étudiés, dont la fabrication et le rendement sont parfaits. Il suffit d'ailleurs de consulter le tableau de la page 62 pour se convaincre par les chiffres de la valeur de ces appareils. Tout dans ces avions, jusqu'au profil des montants ([1]), a été étudié minutieusement

---

(1) D'après les expériences de M. Eiffel, suivant la section des montants, la résistance peut être abaissée de 19 % à 3,5 %, de la résistance totale.

pour permettre une très grande vitesse et un grand écart
entre les vitesses maxima et minima. En particulier dans
les hydroaéroplanes anglais, on constate une construction très robuste, qui atteste une parfaite connaissance
de la mer.

Le gauchissement est supprimé et remplacé par des
ailerons, ce qui, comme nous l'avons dit, évite l'affai-
blissement des ailes, qui sont ainsi fixes au lieu d'être
souples.

Au point de vue valeur des appareils, je n'hésite pas
à reconnaître que les Anglais sont passés maîtres dans
la construction des avions. Leurs pilotes, on l'a vu par
les raids audacieux qu'ils ont effectués dans la mer du
Nord (raid de Cuxhaven, en particulier) et sur les côtes
de Belgique, sont très habiles et endurants. Ce sont là
deux qualités prédominantes.

Les avions sont assez nombreux, presque tous biplans,
sauf le monoplan Blackburn, et pourvus de moteurs
puissants, la plupart rotatifs. Les centres d'aviation
anglais sont en outre pourvus de toutes les pièces de
rechange nécessaires et du matériel roulant de transport
et de liaison.

Mais c'est surtout l'aviation navale qui a été développée en Angleterre. Les nombreuses incursions de
« dirigeables fantômes » survolant la nuit les places
fortes anglaises ont été surtout la cause de ce développement. Lord Winston Churchill, dans un de ses dis-
cours à la Chambre des Communes, en mars 1914,
disait : « Bien que l'hydroaéroplane ne soit pas encore sorti de la phase expérimentale, un grand avenir
s'ouvre devant lui, et l'on ne peut douter qu'il ne
soit déjà en état de remplir un rôle très important
dans les opérations de guerre : c'est ce dont nous
avons pu nous convaincre dans les dernières ma-
nœuvres navales où les trois avions embarqués sur
l'*Hermès,* tout comme ceux de l'*Hibernia,* ont rendu

aux escadres de si grands services pour les reconnaissances ([1]). »

De nombreuses stations côtières ont été organisées :
Calshot, île de Grain, Harwick, Yarmouth, Cromarty,
Cleethorpen (près Grimsby), Kirkealdy, Filey. Toutes
ces stations ont de vastes hangars, un outillage, des
canons de défense verticaux Wickers ou Armstrong.
Chaque station comprend 12 « seaplanes » des types
légers et types lourds, munis de postes de télégraphie
sans fil, permettant la réception des radiotélégrammes
en plein vol.

EN RUSSIE

La Russie, quoique venue très tard à l'aviation, n'en
possède pas moins une flottille importante, composée
pour la plus grande partie d'avions français biplans et
monoplans, mais fabriqués en Russie aux usines Russo-
Baltique, Dux et autres, et de vastes biplans dus à l'ingénieur russe Sikorsky.

L'*Ilia-Mouramets*, c'est ainsi que l'inventeur a baptisé
son appareil, est un biplan de 37 mètres d'envergure,
25 mètres de longueur et 182 mètres carrés de surface
portante ; il est actionné par quatre moteurs : 2 de 160 HP
et 2 de 200 HP, commandant chacun une hélice,
soit 720 HP. Même si un moteur s'arrête, la marche de
l'avion ne subit aucune perturbation. Cet appareil peut
s'élever sans roues, sur patins, par temps de neige : c'est
là un grand avantage en Russie. La charge utile est de
1.500 kilos, ce qui représente un poids considérable
d'explosifs. Le fuselage, constitué par une cabine

---

[1] Les pilotes de la marine anglaise ont couvert, en 1913, plus de
200.000 kilomètres, avec un seul accident mortel.

fermée et vitrée, peut contenir jusqu'à dix-huit personnes, et les pilotes peuvent se relayer. Le seul inconvénient de cet appareil est d'être relativement lent.

Au moment de la déclaration de guerre, la Russie pouvait posséder au moins 600 avions de modèles français et une quinzaine d'Ilia-Mourametz.

Les Allemands auraient, paraît-il, construit aussi un biplan Aviatik *kolossal,* muni de quatre moteurs Maybach de 225 HP chacun, et un appareil de ce genre aurait tenté de survoler Londres le 24 décembre dernier. Ce biplan géant pourrait emporter quatre passagers, du combustible (essence et huile) pour dix heures de marche, et 1.000 kilos d'explosifs.

EN ITALIE

L'Italie est le premier pays ayant déjà utilisé pour la guerre les aéroplanes (en Tripolitaine). Étant donné le peu d'appareils dont disposait l'armée italienne au cours de la campagne italo-turque, les expériences tentées ne furent pas assez suivies pour permettre d'en tirer un enseignement précieux. Cependant, de nombreuses reconnaissances furent réalisées, quelquefois avec lancement de bombes.

Le Gouvernement italien possédait alors des appareils de marques françaises, anglaises et allemandes. Depuis, quelques constructeurs italiens ont mis au point des monoplans et des biplans de leur invention.

Actuellement, voici les principales marques utilisées : *Asteria, Blériot, Bréguet, Bristol, Caproni, Etrich, H. et M. Farman, Nieuport* et *Savary.*

L'Italie, tout comme l'Angleterre, par sa situation géographique, a compris que l'aviation maritime (hydro-aéroplanes) devait être particulièrement développée.

Dans une étude très intéressante sur l'aviation navale, le lieutenant de vaisseau italien Calderara disait, en parlant de l'hydravion : « Sa vitesse, qui est déjà très supérieure à celle des navires les plus rapides, ne connaîtra sur mer aucun de ces obstacles qui, sur terre, peuvent éventuellement l'empêcher de se développer entièrement. Si donc tout l'avenir de l'aviation n'est pas sur mer, une bonne partie de cet avenir est sur les flots. »

Les avions sont, en Italie, répartis par escadres. Chaque escadre, qui compte, suivant son usage, un nombre différent d'avions, est composée le plus souvent d'appareils du même type.

Chaque corps d'armée possède une escadre de douze appareils. D'autres escadres, dites légères, comprenant six avions, sont réparties à la frontière. Ce sont des escadres de couverture. Enfin, il existe encore des escadres (4 à 6 appareils chacune) affectées au service de la cavalerie et de l'artillerie.

Au point de vue organisation des services, il y a une grande analogie entre l'aéronautique française et l'aéronautique italienne.

Les aviateurs peuvent être civils ou militaires. Après avoir reçu une instruction théorique, ces derniers passent successivement les épreuves du brevet de l'Aéro-Club italien, puis celles du brevet militaire (vol de 150 kilomètres à une altitude moyenne de 1.000 mètres). Les observateurs sont pris, de préférence, parmi les officiers d'état-major.

Les multiples expériences effectuées pendant ces dernières années sur les terrains d'aviation d'Aviano et de Turin, en particulier, et les raids audacieux sur mer accomplis par les officiers de marine et les aviateurs italiens, ont montré combien l'Italie attachait de prix au développement de la cinquième arme, tant sur terre que sur mer.

CHAPITRE IV

PHOTOGRAPHIES ET CARACTÉRISTIQUES
DES PRINCIPAUX
AVIONS ET HYDRAVIONS FRANÇAIS, ANGLAIS,
ALLEMANDS, RUSSES ET ITALIENS

APPAREILS FRANÇAIS

DIFFÉRENTS TYPES DE MONOPLANS FRANÇAIS

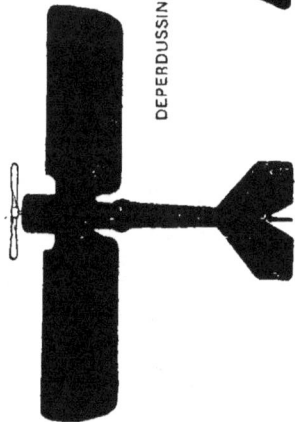

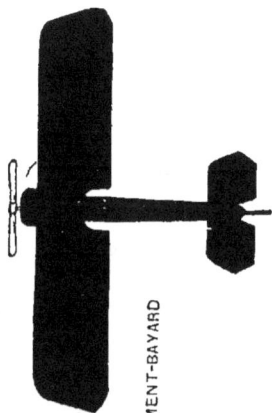

CLÉMENT-BAYARD

L. BLÉRIOT

MORANE-SAULNIER

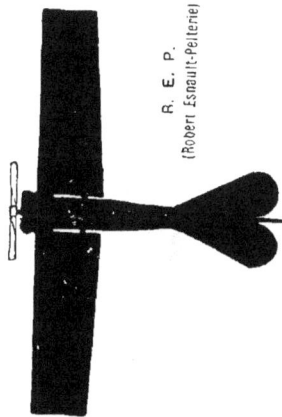

DEPERDUSSIN

R. E. P.
(Robert Esnault-Pelterie)

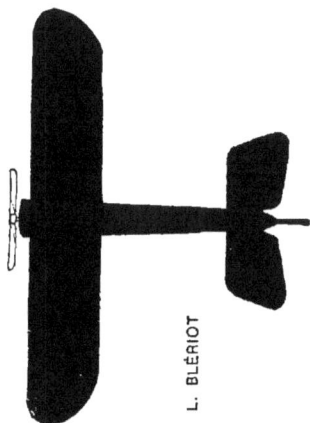

DIFFÉRENTS TYPES DE BIPLANS FRANÇAIS

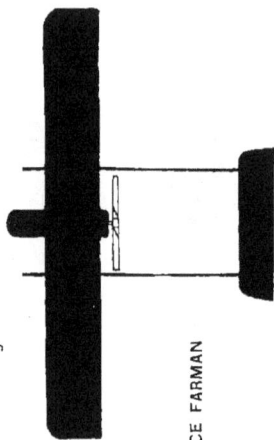

MAURICE FARMAN

BRÉGUET

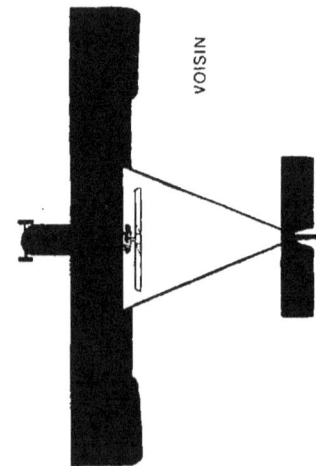

VOISIN

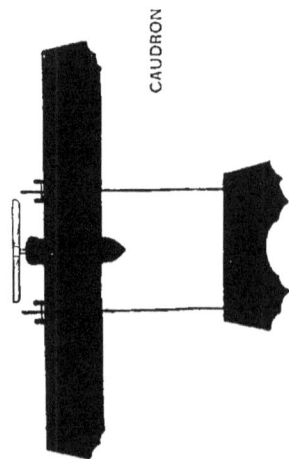

CAUDRON

Hydravion biplan Astra (en plein vol, 3 passagers à bord).

Hydravion biplan Astra (l'hydravion reposant sur ses flotteurs).

Monoplan Blériot (en vol).

Monoplan Blériot biplace (à terre, avec fuselage entièrement entoilé).

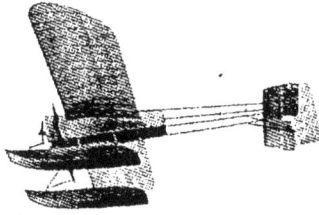

Hydravion Blériot (en vol).

Monoplan Blériot, type « à vision totale », brevet Gouin.

Monoplan Blériot blindé (en vol).

MONOPLANS BLÉRIOT

CARACTÉRISTIQUES

I. — *Type XI-2 militaire.*

Poids à vide . . . . 335 kg
Surface portante . . . . 19 m²
Envergure 10ᵐ 35
Longueur 8 40
Hauteur 2 50
Force . . . . 80 HP
Moteur . . . . Gnome (rotatif)
Vitesse . . . . 115 km à l'heure
Gauchissement . . . . par déformation des ailes AV
Vitesse d'ascension à 500 mètres . 6 minutes
Charge utile . . . . 250 kg

II. — *Hydravion type XI-2.*

Poids à vide . . . . 500 kg
Surface portante 24ᵐ² 25
Envergure 11ᵐ 05
Longueur 9 00
Hauteur 3 00
Force . . . . 80 HP
Moteur . . . . Gnome (rotatif)
Vitesse . . . . 110 km à l'heure
Charge utile . . . . 250 kg

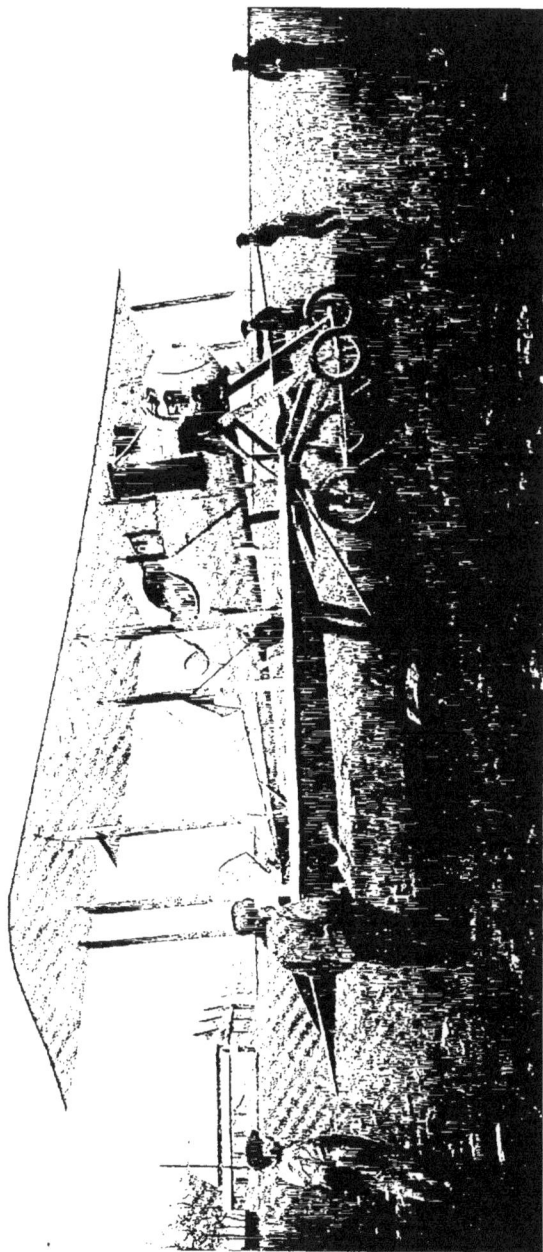

Biplan Bréguet 200 HP, avec train d'atterrissage type Voisin.

Biplan Caudron à terre (vue arrière).

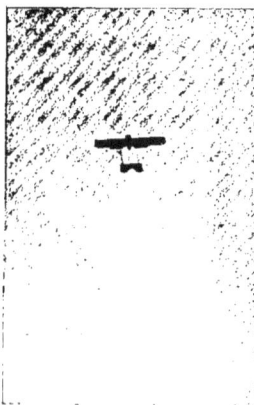

Biplan Caudron (en plein vol).

Biplan Caudron à mitrailleuse, placée sur la partie supérieure avant.

Biplan Caudron, bi-moteur, avec mitrailleuse, en plein vol.

Monoplan Deperdussin à mitrailleuse, prenant le départ.

BIPLAN BLINDÉ DU COMMANDANT DORAND ([1])

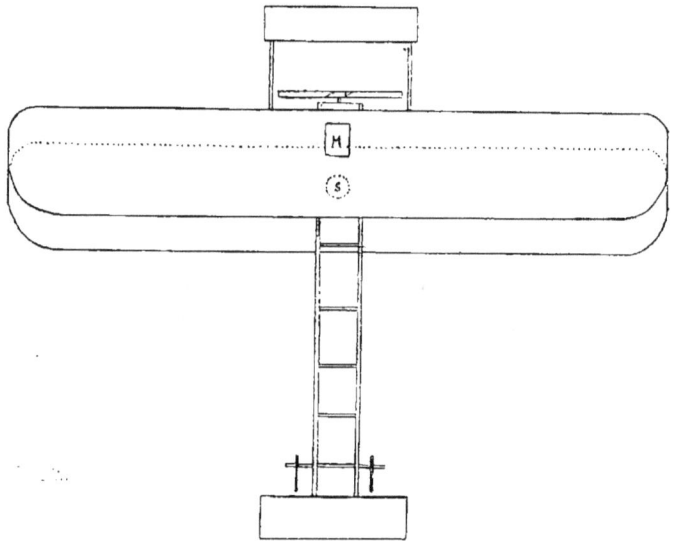

Poids (avec 4 heures de combustible
  et en charge) blindé . . . . . .   1.000 kg
Poids (avec 4 heures de combustible
  et en charge) non blindé . . . .   635 —
Surface portante. . . . .   5o m²
Force. . . . .   8₇ HP
Moteur . . . .   10 cyl. Anzani
Vitesse maxima . . . .   1o5 km à l'heure
Vitesse minima   55   —
Gauchissement. . . . .   Ailerons conjugués
Durée de la montée à 1.000 m. . .   16 minutes
Durée de la descente de 1.000 m.   6 min., moteur arrêté

([1]) Directeur du laboratoire d'*Aéronautique militaire* de Chalais-Meudon.

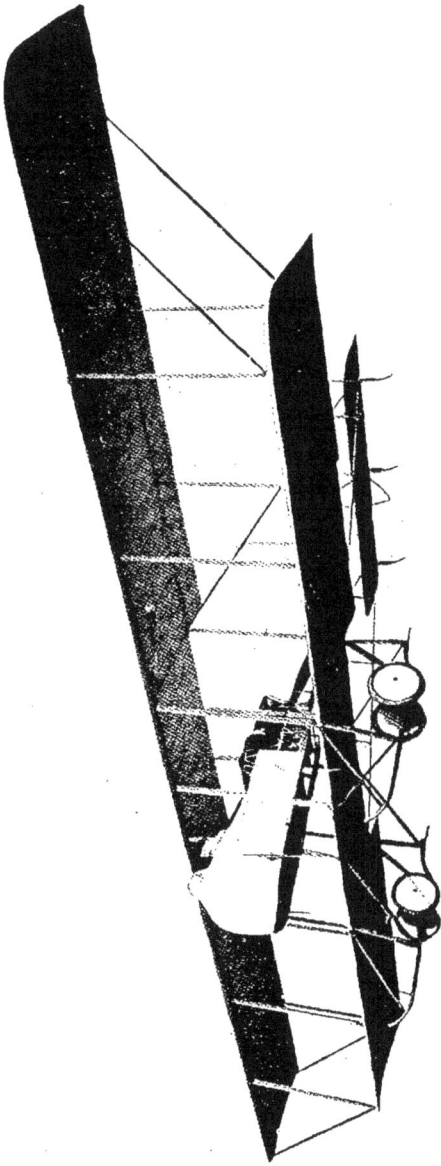

Biplan Maurice Farman.

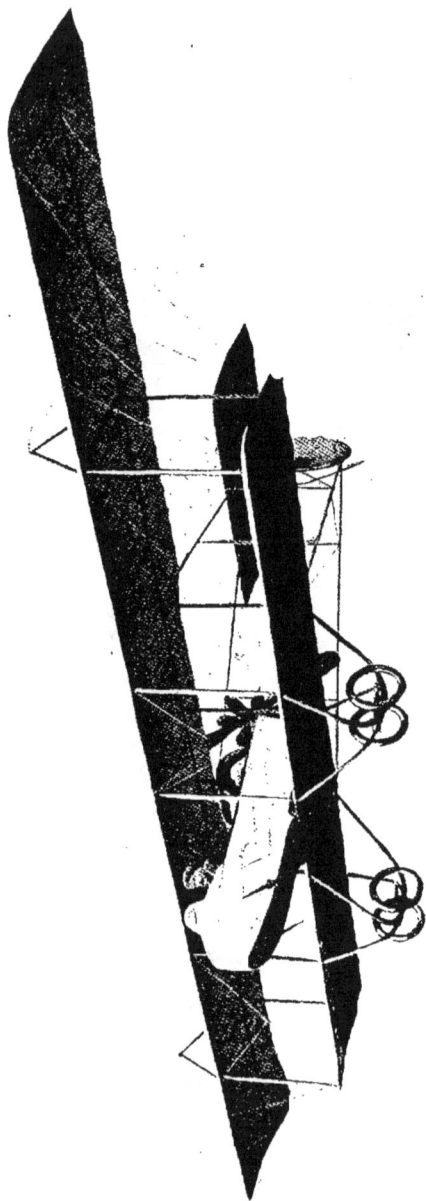

Biplan Henri Farman.

Hydravion-biplan Maurice Farman.

CARACTÉRISTIQUES DES AVIONS ET HYDRAVIONS HENRI ET MAURICE FARMAN

CARACTÉRISTIQUES	BIPLAN MAURICE FARMAN type 11	BIPLAN HENRI FARMAN type F 20
Poids complet	750 kg	490 kg
Envergure { supérieure	16ᵐ 13	13ᵐ 60
Envergure { inférieure.	11 74	7 42
Longueur de l'appareil.	48	8 06
Largeur des plans AV	00	1 779
Écartement des plans AV	1 90	1 50
Envergure du plan AR.	5 49	3 54
Largeur du plan AR	1 00	1 00
Moteur . . { Marque.	Renault ou de Dion	Gnome, Le Rhône
Moteur . . { Puissance	80 HP	80 HP
Moteur . . { Régime.	900 tours à la minute	1.200 tours
Hélice . . { Diametre.	2ᵐ 90	2ᵐ 50
Hélice . . { Pas.	2 45	1 80
Vitesse	108 km-heure	105 km
Temps pour monter à 2.000 mètres.	20 minutes	22 minutes
Charge utile	305 kg	275 kg

Monoplan de chasse Morane-Saulnier (vu d'arrière).

Biplan Ponnier.

Monoplan Nieuport

Biplan Nieuport, de chasse, avec mitrailleuse placée sur le plan supérieur.

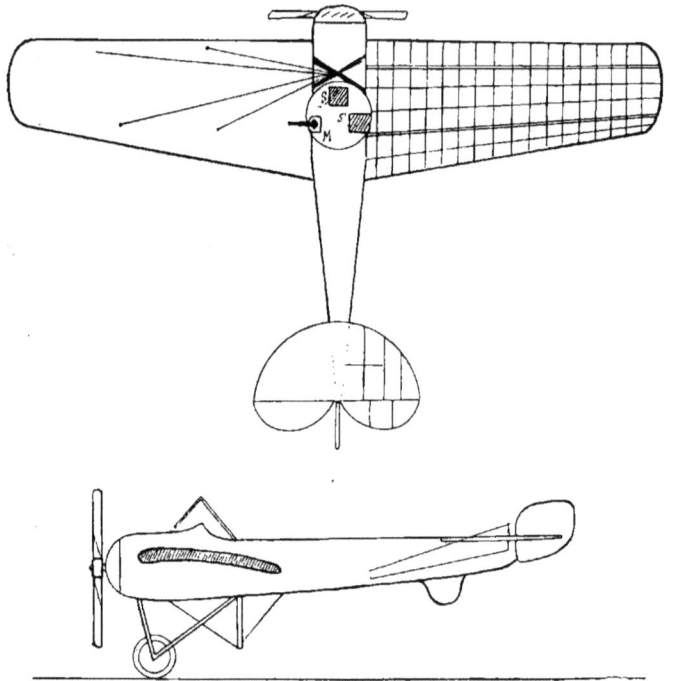

Monoplan Nieuport blindé.

Biplan Voisin de bombardement, au départ.
(On voit nettement le système spécial de train d'atterrissage.)

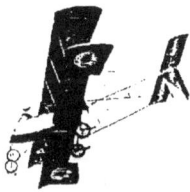

Biplan Voisin (en vol).

Biplan Voisin à mitrailleuse (vu d'arrière, à l'atterrissage).

CLASSEMENT DES AVIONS FRANÇAIS

Les avions français, qui sont, comme nous l'avons dit, répartis par escadrilles (escadrilles de bombardement, escadrilles de chasse, escadrilles de repérage), portent tous les indications suivantes, qui sont peintes sur le gouvernail de direction : 1° une initiale, qui indique la marque de fabrique ; 2° l'indication en kilos de la charge maxima (poids total des pilote et passagers, bombes, approvisionnements, essence et huile) ; 3° un numéro d'ordre.

Nous indiquons ci-après les lettres choisies pour désigner les principaux avions et hydravions français :

MARQUES	LETTRES	MARQUES	LETTRES
Blériot.	Bl	Farman Henri	HF
Borel	Bo	Farman Maurice	MF
Bréguet	B	Morane-Saulnier	MS
Bréguet-Michelin	BM	Nieuport	N
Caproni-Esnault-Pelterie.	CEP	Ponnier	P
Caudron	C	Voisin	V
Deperdussin	D	Voisin de bombardement.	VB
Dorand	DO		

Quant aux escadrilles, elles sont également numérotées. On dit par exemple : Escadrille C 42.

Dans le tableau suivant résumant les caractéristiques des avions et hydravions français, nous avons indiqué par des caractères gras les appareils les plus utilisés.

TABLEAU

CARACTÉRISTIQUES COMPARÉES DES PRINCIPAUX AVIONS ET HYDRAVIONS FRANÇAIS

I — AVIONS

MARQUE	TYPE	ENVERGURE	LONGUEUR	SURFACE portante	PUISSANCE du moteur	VITESSE à l'heure	CHARGE utile
		m	m	m²	HP	km	kg
Astra.	biplan	12,3o	10,6o	48 »	70	90	400
Blériot XI-2	mono	10,35	8,4o	19 »	8o	115	250
Bréguet.	biplan	15,4o	8,Go	4o »	120	110	450
Bréguet-Michelin .	biplan	—	—	—	200	120	8oo
Caproni - Esnault - Pelterie.	biplan	22,00	20,35	—	3oo	115	1.100
Caudron	biplan	11,48	7,42	28 »	8o	100	275
Caudron bi-moteur	biplan	16,5o	7,10	38 »	2 de 8o	135	500
Clément-Bayard. .	mono	10,20	6,3o	16 »	8o	125	275
Deperdussin . . .	mono	8,70	6,00	13 »	5o	128	250
Dorand.	biplan	16,00	10,5o	5o »	87	105	400
Farman (Henri). .	biplan	13,Go	8,06	42 »	8o	105	275
Farman (Maurice).	biplan	16,13	9,48	Go »	8o	108	305
Goupy	biplan	7,00	7,00	27 »	5o	95	250
Morane-Saulnier .	mono	9,20	6,35	14 »	5o	13o	250
Nieuport.	mono	12,32	8,26	25 »	5o	120	150
Nieuport	biplan	7,00	7,00	18 »	8o	140	250
Paulhan	mono	8,Go	8,Go	12,5o	5o	13o	200
Ponnier.	mono	10,75	7,10	18 »	5o	115	180
Ponnier	biplan	8,00	6,00	20 »	5o	110	160
R. E. P.	mono	10,25	6,74	20 »	Go	105	200
Schmitt.	biplan	17,5o	10,00	49 »	16o	105	450
Voisin	biplan	15,00	8,00	5o »	13o	110	450
Zodiac	biplan	15,00	11,75	32 »	5o	95	5o

II — HYDRAVIONS

MARQUE	TYPE	ENVERGURE	LONGUEUR	SURFACE portante	PUISSANCE du moteur	VITESSE à l'heure	CHARGE utile
		m	m	m²	HP	km	kg
Blériot	mono	11,05	9,00	24	80	110	250
Bréguet.	biplan	15,40	11,50	46	200	125	350
Caudron	biplan	12,76	8,10	32	80	90	275
Clément-Bayard.	biplan	17,00	10,20	50	115	85	400
Deperdussin . .	mono	8,70	6,00	13	50	128	250
Farman (Henri).	biplan	15,50	10,00	60	80	95	300
Farman (Maurice) .	biplan	19,00	12,00	70	100	100	400
Nieuport	mono	12,32	8,26	25	50	120	150
Voisin	biplan	15,00	8,00	50	140	110	450

APPAREILS ANGLAIS

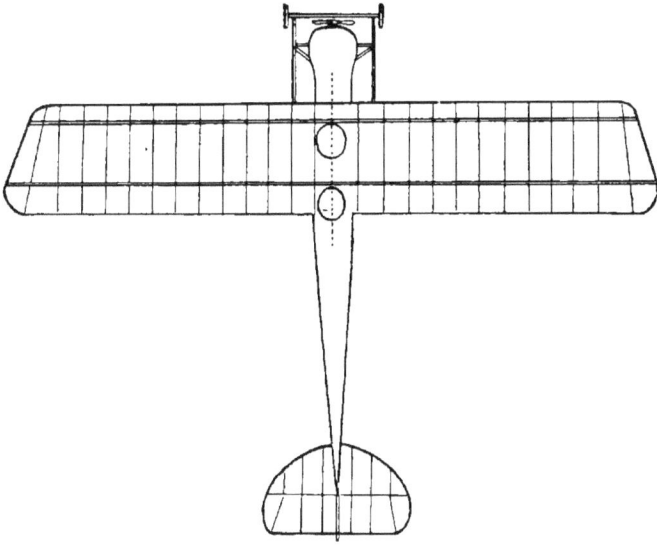

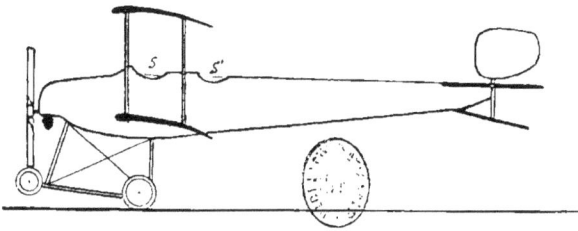

Biplan Bristol

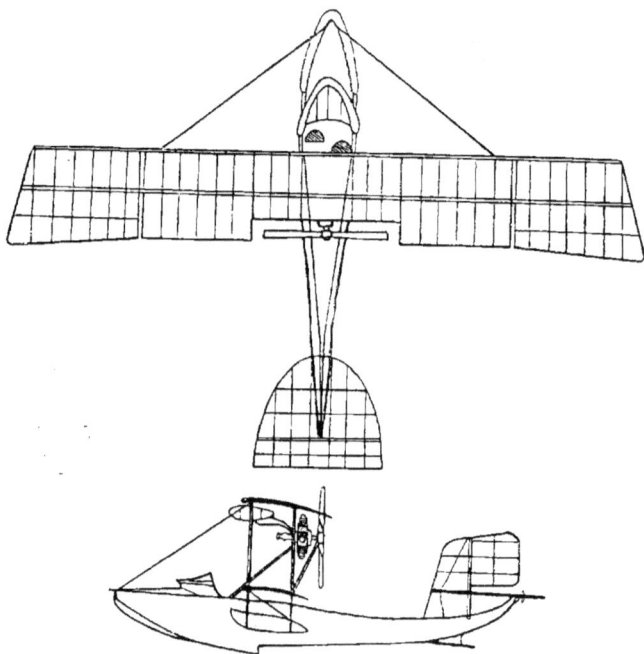

Hydravion-biplan F. B. A.

(L'avion n'a pas de fuselage, et ses plans porteurs sont montés sur un canot
où se placent pilote et passagers.)

Hydravion biplan Sopwith.

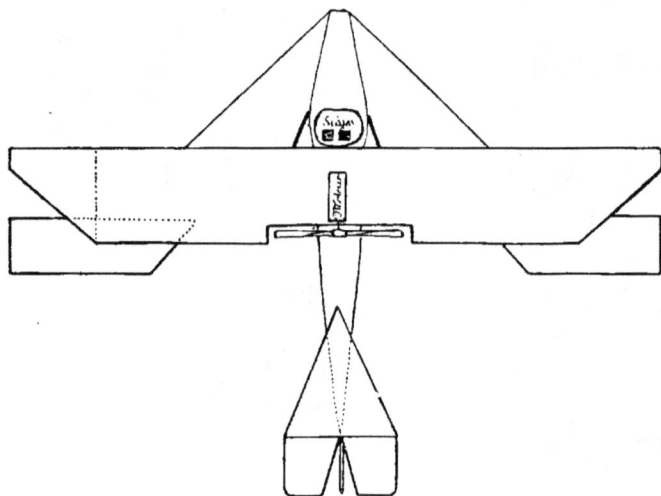

Hydravion Sopwith.

(Comme l'hydravion F. B. A., il est monté sur un canot-fuselage.)

Hydravion biplan Sopwith (en plein vol).

CARACTÉRISTIQUES COMPARÉES DES PRINCIPAUX AVIONS ANGLAIS

MARQUE	ENVERGURE	VITESSES		POIDS A VIDE	FORCE	MOTEUR
		maxima	minima			
	m	km	km	kg	HP	
Avro. . Hydravion biplan	10,80	130	50	430	80	Rotatif
Avro. . Biplan de combat	13,20	105	55	460	80	—
Avro. . Biplan scout.	7,80	160	50	310	80	—
Blackburn, monoplan	11,40	110	65	400	80	—
Bristol . Biplan de combat	11,25	100	55	450	80	—
Bristol . Biplan scout	6,60	150	75	280	80	—
Curtiss, hydravion biplan	11,27	110	60	460	100	Curtiss fixe
F. B. A., hydravion biplan	12,10	100	55	500	100	Rotatif
Grahame-White, biplan de combat .	11,10	130	5	460	100	—
Hamble River Luke and Cⁱᵉ, hydravion biplan	18,00	105	55	600	150	N. A. G. fixe
Samuel White, hydravion biplan . .	18,90	115	55	1.200	200	Salmson, fixe
Sopwith, hydravion biplan	16,20	115	65	1.000	200	—
Vickers. Biplan de combat	11,40	115	65	385	100	Rotatif
Vickers. Biplan scout.	7,50	160	70	275	100	—

APPAREILS ALLEMANDS

MONOPLANS ALLEMANDS

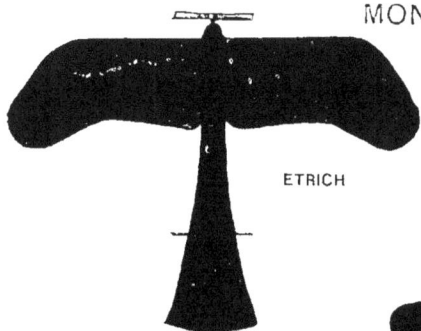

ETRICH

FOKKER

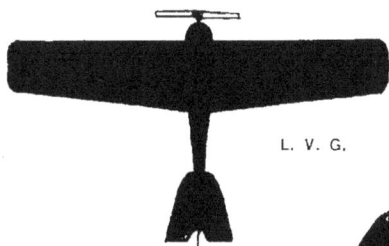

L. V. G.

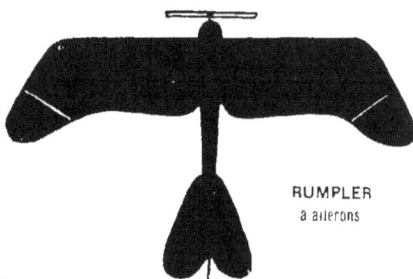

RUMPLER
a ailerons

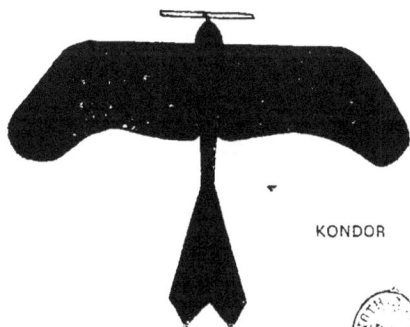

KONDOR

L'AVIATION

Échelle 1/250ᵉ

5

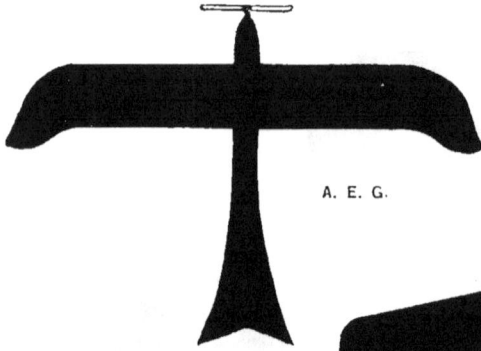

A. E. G.

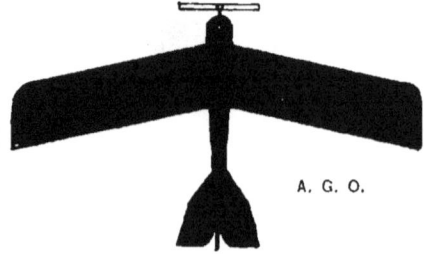

A. G. O.

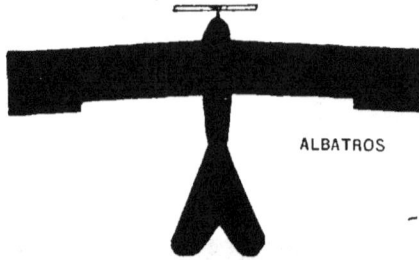

ALBATROS

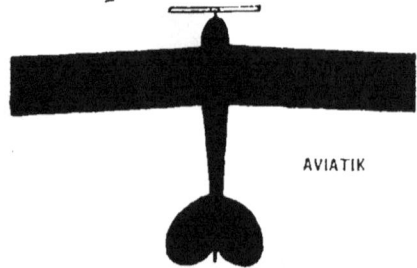

AVIATIK

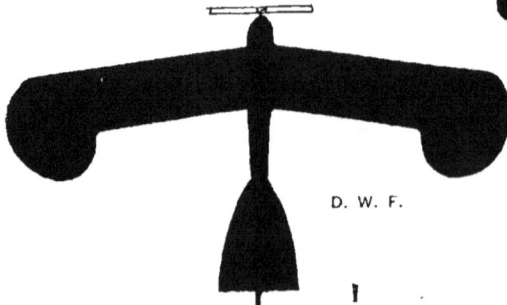

D. W. F.

Échelle 1/250ᵉ

BIPLANS ALLEMANDS

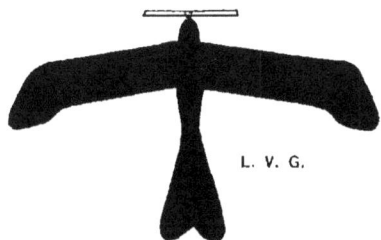

L. V. G.

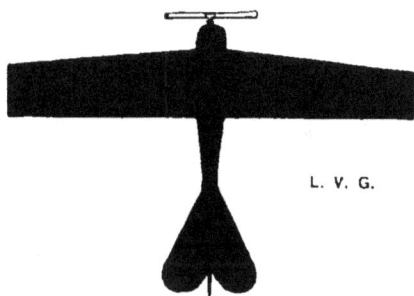

L. V. G.

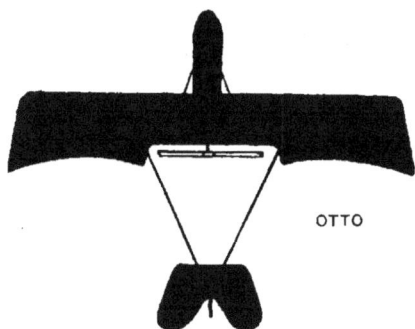

OTTO

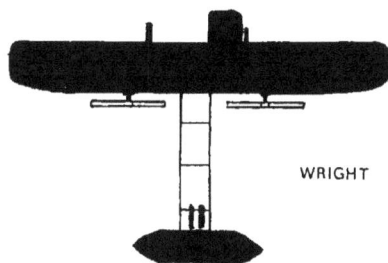

WRIGHT

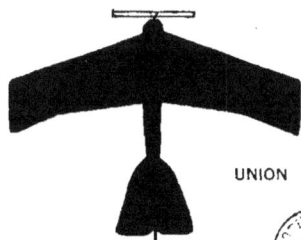

UNION

Échelle 1/250ᵉ   *D'après l'AÉROPHILE*

Reproduction d'une carte postale éditée à Metz, lors du raid Trèves—Metz,
le 27 septembre 1910, sur biplan *Aviatik*, piloté par Jeannin.

———

M. *Châtel, ancien coureur cycliste, constructeur à Mulhouse-
Bourzwiller, qui a péri d'ailleurs lors de l'occupation de cette
région par les Français, s'était associé avec l'aviateur Jeannin,
pour l'exploitation des appareils. Mais à la suite d'un procès
pour contrefaçon, intenté par Henri Farman, les constructeurs
ont dû modifier le biplan primitif, et ont fait l'Aviatik actuel,
dont on verra la photo dans cet ouvrage.*

Biplan Albatros piloté par l'aviateur allemand Hirth dans son voyage de Gotha à Marseille.

Hydravion Albatros (en plein vol).

Bagage Aviatik.

Monoplan Etrich (Taube).

Monoplan Etrich (en vol).

NOUVEAUX APPAREILS ALLEMANDS

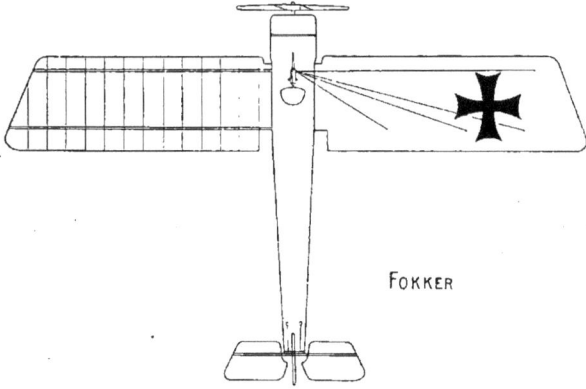

FOKKER

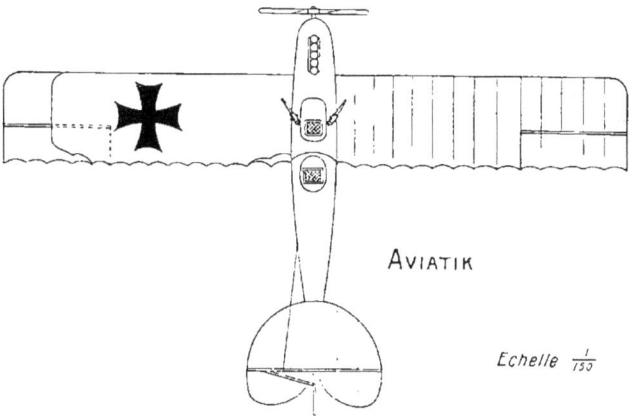

AVIATIK

Echelle $\frac{1}{150}$

CARACTÉRISTIQUES DES PRINCIPAUX AVIONS ALLEMANDS

MARQUE	TYPE	SURFACE	ENVERGURE	LONGUEUR	FORCE	MARQUE du moteur	VITESSE	POIDS A VIDE
		m²	m	m	HP		km	kg
A. E. G.	biplan	50 »	16,60	10,70	120	Argus	100	600
A. G. O.	biplan	36 »	13,90	8,00	150	Mercédès	110	650
Albatros.	mono	35 »	14,60	10,20	100	—	105	600
Albatros.	biplan	36 »	12,80	8,00	100	—	115	580
Aviatik	biplan	45 »	14,00	8,00	100	—	100	670
D. W. F.	mono	35 »	16,00	9,00	100	—	115	550
D, W. F.	biplan	46 »	17,00	9,00	100	—	105	600
Etrich	mono	38 »	14,30	9,85	100	—	105	550
Fokker.	mono	20 »	12,00	7,25	100 / 80	Mercédès / N. A. G.	125 / 115	300
Gotha	mono	28 »	14,00	8,50	100	Mercédès	120	600
Gotha	biplan	31 »	12,25	8,00	80	Gnome	110	—
Halberstadt	mono	31 »	14,45	9,00	100	Mercédès ou Argus	140	500
Kondor	mono	35 »	14,00	9,80	100	Mercédès	120	600
L. V. G.	biplan	44 »	14,50	9,50	100	—	105	700
Otto.	biplan	45 »	14,90	10,80	100	—	110	580
Rumpler.	mono	29 »	14,00	8,20	100	—	120	650
Rumpler.	biplan	38 »	13,00	8,65	100	—	105	650
Union (flèche)	biplan	32 »	10,00	7,00	120	—	110	550

APPAREILS RUSSES [1]

---

[1] Comme nous l'avons dit précédemment, l'aviation russe est composée d'appareils français, et d'un seul modèle de construction russe, le biplan Sikorsky.

Biplan russe Sikorsky.

APPAREILS ITALIENS

Aviateurs italiens, aux Dardanelles, se préparant à aller survoler les lignes turques.

Transport d'un avion italien à la frontière autrichienne.

Aviateurs italiens, armés d'une carabine à répétition, avant leur envol,
sur monoplans français Nieuport.

CHAPITRE V

UTILITÉ DE L'AVIATION
PENDANT LA GUERRE ACTUELLE

———

Avant la guerre actuelle, on croyait peu en France à l'aviation, mais les plus sceptiques sont devenus maintenant de fervents partisans de l'aéroplane. Les services qu'il a rendus sont immenses.

La guerre, telle qu'on la fait aujourd'hui, devient presque un combat d'artillerie. La victoire est donc pour celui qui détruira le plus rapidement possible les pièces de l'ennemi, qui rendent meurtrière toute progression d'infanterie.

Étant donnée la grande portée des canons actuels, il devenait de plus en plus difficile d'en repérer l'emplacement. L'avion a rempli cette mission, qui consistait à survoler l'ennemi, repérer l'emplacement exact de ses batteries, et aller signaler les observations ainsi obtenues à nos artilleurs.

Ce rôle, qui est la principale utilisation de l'avion, n'est pas sans danger. Il faut prendre de la hauteur pour être hors de portée des canons ennemis, mais il ne faut cependant pas trop s'élever, car on ne verrait plus ces canons, déjà si habilement dissimulés. « Il faut prendre de la hauteur pour aborder les lignes ennemies (¹). Voler

———

(¹) Ce passage est extrait du très intéressant journal *La Guerre mondiale*, de Genève, que l'on trouve à la librairie Delandre, 11, rue Bergère, Paris.

au-dessous de 1.800 mètres est folie : de cruelles expériences nous l'ont appris. L'altitude moyenne est 2.000 mètres, et encore n'est-on pas à l'abri des canons spéciaux que les Allemands possèdent.

« On atteint assez vite 1.000 mètres, puis l'ascension est plus lente dans l'air moins dense. L'avion tournoie longtemps sur la campagne, gagnant peu à peu les hautes gradations de l'altimètre. Bien des causes ralentissent parfois cette montée : le moteur tourne mal, sans qu'on sache pourquoi; le vent hostile rabat l'appareil et le

Retour de reconnaissance, sur avion H. Farman.

plaque; les nuages encombrent le ciel; la brume enveloppe la terre.....

« Mais tout va bien, le moteur tire fort, le ciel est clair, l'altimètre (petit appareil qui indique à l'aviateur l'altitude à laquelle il se trouve) a dépassé 1.800 mètres. Le pilote consulte l'observateur :

« — On y va ? — Allons-y !

« Et l'appareil pique droit à l'ennemi.

« Le monde est minuscule vu de 1.000 mètres de haut. Le pays paraît plat, plus de collines, on survole une

plaine où s'entrecroisent en un inexprimable lacis les
routes et les chemins.

« Les villages constellent ce réseau compliqué, les
vallées s'enchevêtrent, les bois font des taches sombres ;
il faut, pour s'orienter, pas mal d'expérience, beaucoup
d'attention. Et puis tous les appareils ne sont pas également favorables à l'observation ; il en est d'où l'on voit
admirablement ; mais d'autres n'ont pas de vue en avant,

Un avion allemand abattu par nos canons, aux Dardanelles, est transporté
après avoir été démonté partiellement (Monoplan Etrich.)

ni en arrière ou de côté. Tantôt on passe trop vite sur un
paysage intéressant, il faut virer, revenir ; tantôt un nuage
importun masque la campagne, il faut descendre. L'observateur est là, anxieux de bien voir, penché vers le sol. Il
consulte sa carte, regarde passionnément, note les
détails. Voici le front ennemi. Les tranchées strient la
plaine de leurs ramifications complexes ; un peuple de
fourmis grises s'y agite, presque imperceptible. Il faut

le deviner, avoir recours à la lorgnette, dont le grand
vent et les vibrations de l'appareil rendent l'usage mal
commode.

« Voici des batteries ennemies, reconnaissables aux
ouvrages spéciaux qui les protègent. Il importe d'en bien
repérer l'emplacement, car ces batteries, que l'on sur-
plombe, sont défilées aux vues des artilleurs français, aux-
quels un renseignement précis suffira pour les détruire.

« Un gros travail de terrassement attire le regard. En
le fouillant très attentivement on
y distingue quatre emplacements
de pièces très enterrées : c'est
de l'artillerie lourde, obusiers ou
mortiers. Dans le village, un parc
de voitures semble dormir en toute
quiétude. Sur cette route marche
un convoi qui va vers l'ouest.
Un train file sur cette voie, suivi
d'un autre, puis d'un autre encore,
allant aussi vers l'ouest. Ici de
grandes tentes jaunes s'étalent sur
la verdure : ambulances, boulan-
geries, approvisionnements.

« Là-bas, de soudaines fume-
rolles blanches constellent la campagne : ce sont des éclatements
de shrapneils. On se bat dans la
plaine. Le bruit de la bataille ne parvient pas jusqu'à
l'observateur, que le ronflement du moteur assourdit.
Il sait seulement que l'on tire sur lui par le claque-
ment de fouet que les balles font en passant auprès de
l'appareil.

« Voici une ville, une pauvre ville occupée par les
Allemands. On reconnaît sa cathédrale, sa caserne, sa
gare. C'est un point stratégique important, un nœud de
routes et de chemins de fer. L'observateur a reçu l'ordre

de détruire les approvisionnements qui y sont accumulés, ou les moyens de communication que l'ennemi utilise pour ses mouvements.

« L'instant est solennel. L'observateur a, devant lui, engainées dans leurs fourreaux de cuir, trois bombes qu'il doit lancer ; il en prend une et, soigneusement, selon les prescriptions, il l'arme. Il la tient de la main gauche suspendue, prête à tomber. Mais où la jeter ? Sa perplexité est grande ; il faut atteindre l'ennemi, sans risquer de frapper une de ces jolies maisonnettes françaises.

« L'observateur prévient le pilote ; il hurle, dans le fracas du moteur, pour indiquer l'objectif. Et, docile, le grand oiseau évolue majestueusement, prend du champ et revient droit sur la gare. L'observateur penché, l'œil au guidon de son viseur, attend l'instant favorable. A tout petits gestes, de la main droite, il guide le pilote ; la main gauche pend, tenant la bombe... ; une brusque ouverture des doigts, presque inconsciente, et la bombe est partie...

« Elle tournoie d'abord un instant ; on la suit facilement des yeux. Ensuite elle prend son aplomb et pointe vers le sol. On la perd de vue, elle est si minuscule, si rapide ; mais en fixant bien la place visée, longtemps, longtemps après le déclic, — vingt secondes environ pour 2.000 mètres de hauteur, — on voit à terre une fumerolle blanche... : le coup a porté !...

« Très loin sur l'horizon, un point se meut : un avion !

« Le pilote, qui surveille le ciel tandis que l'observateur s'absorbe dans sa contemplation de la terre, indique du doigt. On discute.

« Qui est-ce ?

« Il est difficile de distinguer la nationalité d'un avion passant de profil, en plein vol, sur le même plan. Il est minuscule dans l'infini. Pourtant, à certaines caractéristiques, perceptibles à son œil exercé, le pilote le reconnaît :

« C'est un allemand.

« Aussitôt l'ennemi reconnu, l'observateur se met en garde. Branle-bas de combat ! On approvisionne l'arme, mitrailleuse ou carabine, on l'oriente. La ceinture est débouclée, il ne s'agit plus ici de prudence, de sécurité. Un duel aérien est une terrifiante aventure, dont l'audace dépasse tout ce que l'on peut concevoir. Mais, sur le plan héroïque où le drame se joue, ni le pilote ni l'observateur n'ont plus souci ni conscience de la témérité.

Les aviateurs C... et N... s'apprêtant à aller bombarder les lignes allemandes.

A la guerre, chez nous, il n'y a pas « des héros », il y a des « circonstances héroïques ». Quiconque se trouve pris dans leur tourbillon est un héros, et les camarades, témoins de sa prouesse, le contemplent avec admiration, avec envie, en disant :

« A quand mon tour ? »

Émouvantes paroles qui peignent bien le patriotisme de nos aviateurs, qui ne reculent devant aucun danger pour servir la patrie. Saluons ici bien bas les glorieux aviateurs qui sont tombés au champ d'honneur, en accomplissant ces missions dangereuses, mais dont le sort de l'armée dépendait bien souvent. Ils ont droit, plus que tous autres, à la reconnaissance de la France entière, ne serait-ce que pour les canons allemands détruits, grâce à leurs renseignements, par nos artilleurs, et qui auraient pu, quelques instants après, semer la mort dans nos rangs.

*
* *

Outre le repérage d'artillerie, qui, comme nous l'avons dit, est une lutte de vitesse, permettant à l'avion qui « grimpe » vite et est rapide en ligne droite de renseigner l'artillerie avant que l'avion ennemi en ait fait autant de son côté, le rôle des avions est encore de surveiller les mouvements de troupes, les convois de ravitaillement ou de munitions, et de les arroser d'explosifs et de fléchettes.

Là encore l'adresse des aviateurs est l'élément principal. Un projectile qui tombe juste peut faire de grands dégâts. Disons, en passant, qu'une bombe lancée d'un aéroplane ne tombe pas verticalement et par suite n'éclate pas exactement au-dessous du point où on l'a lâchée. La bombe conserve, pendant quelques instants, la vitesse acquise par l'avion, suivant un principe bien connu, et ne tombe verticalement que lorsque cette attraction devient nulle et est remplacée par celle de la pesanteur.

La destruction des voies ferrées, des ponts, des bâtiments militaires, des gares, fournit une tâche importante et dangereuse aux aviateurs, mais dont la réussite peut avoir une importante répercussion. D'autre part, lorsqu'un avion est signalé, l'ennemi cherche à cacher tout ce qu'on pourrait distinguer. Il se livre au « maquillage », place ses troupes contre la lisière des bois, fait modifier la direction des convois ; l'artillerie cesse le feu et se masque.

*
* *

Enfin, le rôle de l'avion, le seul qui avait été primitivement envisagé et qui cependant n'est souvent qu'au second plan, c'est le combat aérien. Il n'est qu'occasionnel.

Il y aura des armées d'aéroplanes, disait-on, qui se rencontreront dans le ciel. Comme un avion coûte une vingtaine de mille francs, et qu'il ne porte que deux et quelquefois qu'une personne, c'eût été un équipement bien cher, proportionnellement au nombre de combattants. D'ailleurs on se bat pour l'occupation d'un terrain. Un combat aérien serait donc sans importance. Quand encore un pays aurait la maîtrise de l'air, cela ne mettrait pas ses avions à l'abri des obus et des balles lorsqu'ils survoleraient le pays ennemi.

Cependant, il arrive souvent que des avions, au cours d'une reconnaissance, rencontrent un aéroplane ennemi, et qu'ils luttent à coups de fusil ou de mitrailleuse. L'oiseau allemand, on a pu le remarquer, accepte rarement le combat. Il préfère s'enfuir après avoir accompli son forfait. C'est qu'un combat aérien est presque de l'acrobatie, surtout si le pilote est seul à bord.

Pour terminer, je dirai deux mots sur le bombardement des villes « pour intimidation », dont les Allemands se sont fait une spécialité. Ils préfèrent bombarder des villes ouvertes que des ouvrages militaires, en raison même de la facilité avec laquelle on peut atteindre une ville non fortifiée. Leurs aviateurs jettent d'ailleurs leurs bombes n'importe où. Celles-ci tombent dans les rues, sur les monuments publics ou sur les maisons particulières, tuant femmes et enfants. On ne peut admettre qu'ils visent des ouvrages ou bâtiments militaires; si cela est vrai, il faut reconnaître qu'ils sont bien maladroits. Leurs exploits sont d'ailleurs plus bruyants que meurtriers. Les aviateurs français et anglais ont détruit ou gravement endommagé les hangars de zeppelins et leur contenu, à plusieurs reprises, tandis que jamais, jusqu'à présent, nos dirigeables n'ont été atteints par les avions allemands, dont les projectiles sont tombés souvent bien loin du but visé.

*
* *

Bombes et fléchettes. — Comme explosifs, les Allemands emploient deux modèles de bombes au picrate et une bombe incendiaire, cette dernière n'étant d'ailleurs qu'une bombe explosive surmontée d'un bidon de pétrole d'une forme spéciale.

Les Anglais se servent de bombes Marten Hale, pesant 10 kilos environ, et donnant souvent plus de 200 éclats.

En France, on utilise trois sortes de bombes, ayant toutes trois une forme spéciale qui leur a fait donner le nom de torpille.

Le vent et les remous influent en effet considérablement sur la ligne de chute de ces projectiles, et, dans le but de leur assurer une bonne stabilité latérale, on leur a donné une forme allongée et pourvu l'extrémité d'ailettes. Notre obus de 90^{mm} pèse 14 kilos dont 8 de mélinite; celui de 155^{mm}, 43 kilos, et celui de 220^{mm}, 130 kilos. Tous trois sont à la mélinite.

Depuis le début de la guerre, nos aviateurs utilisent des fléchettes; ce sont des baguettes d'acier, de 12 centimètres de longueur, de 8 millimètres de diamètre et pesant 20 grammes, dont la tête est pointue, suivie d'une partie cylindrique, puis cruciale jusqu'à l'autre extrémité. Ces fléchettes, jetées par cin-

Fléchette.
(Grandeur naturelle.)

quante, la pointe en haut, se renversent pendant leur

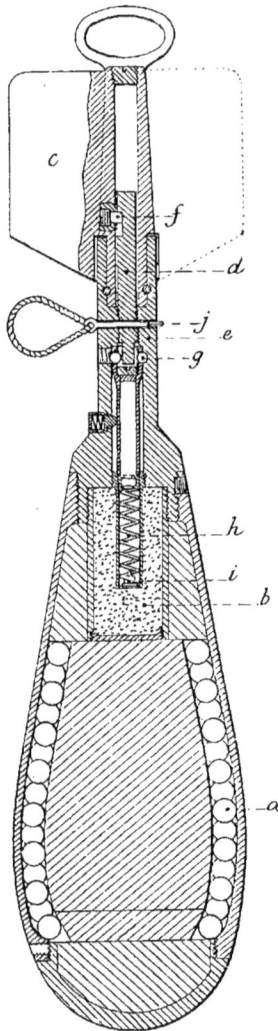

| Poids . . . . | 10 kilos environ |
| Dimensions. . | $\begin{cases} 52^{cm}5 \text{ de long,} \\ 12^{cm}5 \text{ de large.} \end{cases}$ |

Composition. — La partie renflée contient 340 balles d'acier, et une charge explosive de 2 kilos de trinitrotoluol.

La partie supérieure comprend deux ailettes *c*, une poignée et une barrette de sûreté *j*.

Fonctionnement. — On tire la barrette *j* et on lâche la poignée par laquelle on tenait la bombe. Celle-ci, par sa chute, fait tourner par la pression d'air les ailettes *c*, qui dévissent la tige *d*, jusqu'à ce qu'elle s'arrête contre *f*. Les deux billes *g* sont alors libérées, et le détonateur, au moment du choc sur le sol, comprime le ressort et frappe l'aiguille *i*, qui produit l'explosion.

Le dispositif est si sensible que l'explosion se produit même au simple contact de l'eau.

Extrait de la Revue d'Artillerie, tome 81.
Bombe anglaise Marten Hale,
pour aéroplanes.
(Coupe longitudinale.)

chute, en se heurtant, ce qui les écarte les unes des

autres. Elles arrivent, la pointe en bas, sur le sol, à une vitesse d'au moins 100 mètres à la seconde, ce qui représente une force de pénétration de 200 kilos environ. Les blessures occasionnées par ces fléchettes sont généralement mortelles.

Elles traversent facilement les casques d'acier ou de cuir bouilli, et un général allemand a eu le crâne traversé par un de ces engins ; la fléchette s'est arrêtée dans la gorge.

5.000 fléchettes pèsent 100 kilos. Un de nos aviateurs, le lieutenant Mezergues, a jeté jusqu'à 5.500 fléchettes et 18 bombes dans la même journée.

Les Allemands, selon leur habitude, ont recueilli de ces fléchettes et en ont fait fabriquer. Leurs avions en jettent, maintenant, qui portent cette inscription grossière, qui résume à elle seule la « kultur allemande » : INV. FR. FAB. ALL. (Invention française, fabrication allemande).

Une bombe de 90^{mm}.

*
* *

Tir sur les avions. — Le tir sur les avions est très difficile, et ils ne peuvent guère être atteints que par hasard.

« Avant d'ouvrir le feu sur un aéroplane, il faut donc très rapidement déterminer et donner à l'arme, quelle qu'elle soit :

« 1° La distance ;

« 2° L'ange et le site.

« La détermination de la distance n'a pas encore été

résolue pratiquement, puisqu'il n'existe pas de télémètre instantané.

« La mesure de l'angle de site n'est pas moins délicate que celle de la distance, et, comme celle-ci, il faudra la repérer continuellement, car le site variera sans cesse. C'est ainsi qu'un aéroplane se rapprochant en ligne droite et volant horizontalement à 1.000 mètres de hauteur, à une vitesse de 105 kilomètres à l'heure, passe en deux minutes et demie du site 12° à celui de 80°, ce qui fait

Fusil automatique pour la chasse aux Taubes, monté sur biplan Farman.

une variation angulaire moyenne de plus de 30° à la minute. » (M. de Boisricheux.)

Lorsqu'on tire au fusil, il est préférable de faire un feu de salve, en divisant les tireurs en plusieurs groupes, dont chacun tire avec une hausse différente. D'autre part, une balle n'a d'efficacité que si elle atteint une partie essentielle de l'avion. Nous avons vu des avions revenir avec des ailes criblées de trous, mais aucune balle n'avait atteint le pilote ou le passager, l'hélice, le moteur, le réservoir d'essence ou les organes de

Canon de « 75 » disposé spécialement pour le tir contre avions. Deux sapins,
fixés aux roues, dissimulent la pièce aux regards aériens.

commande. On peut voir actuellement aux Invalides le biplan M. Farman du capitaine *Morris,* avec lequel cet aviateur effectua de nombreuses et audacieuses reconnaissances. L'appareil a reçu, au cours de sa campagne, plus de 400 projectiles, éclats d'obus ou balles. Malgré cela, le pilote a pu se servir de cet appareil, sans effectuer les réparations nécessaires, aucun organe essentiel n'ayant été atteint. Le sénateur Reymond, mort depuis en service commandé, a constaté, au retour d'une reconnaissance sur monoplan Blériot, qu'une balle allemande avait bosselé le réservoir d'essence sans le percer. Le hasard est donc pour beaucoup lorsque le tir au fusil est efficace.

Avec les instruments de tir : fusil, mitrailleuse, canon, dont on dispose, il est en effet, quel que soit le procédé choisi, très difficile d'atteindre un avion. Il y a à cela plusieurs raisons qu'il serait fort intéressant de développer, mais que nous ne pouvons que résumer pour ne pas sortir du cadre de cet ouvrage.

Le fusil a été établi pour le tir de niveau exclusivement, et non pour le tir oblique. Voilà, résumée, la principale cause de l'inefficacité de ce mode de tir. La hausse est en effet réglée pour modifier la visée suivant la distance, en tenant compte de la trajectoire, fonction de la vitesse initiale de la balle et de la pesanteur. Dans le tir oblique, l'influence de la pesanteur est modifiée et la vitesse de la balle l'est également ; chacun sait en effet qu'une balle porte beaucoup moins loin en hauteur qu'en tir horizontal. Dans le cas d'un tir contre avion se trouvant au-dessus du tireur, il n'y a pas, on le comprend, à tenir compte de la hauteur de l'objectif pour régler la hausse. La hausse doit être nulle. Premier point sur lequel bon nombre de nos territoriaux, dans leur pétarade contre les taubes, ont pu faire erreur.

Enfin et surtout, point principal, le temps qui s'écoule entre le départ de la balle et son arrivée sur l'objectif est très appréciable, et comme cet objectif se déplace, plus il est haut, plus il parcourt de chemin pendant le trajet de la balle. En fait, voici ce qui se produit : on tire sur un objectif, et, quand la balle arrive pour l'atteindre, il a parcouru une certaine distance, dans le sens de sa marche. Cette distance peut-elle être calculée ? Certainement, en établissant un calcul très simple. Supposons que l'avion ennemi, volant à 1.800 mètres de haut, fasse 125 kilomètres à l'heure, et que l'on tire sur lui avec un projectile ayant une vitesse moyenne (sur 2.000 mètres) de 300 mètres à la seconde. La balle mettra donc 1.800 : 300 = 6 secondes pour atteindre l'objectif ; mais celui-ci se sera, pendant ces 6 secondes, déplacé de :

$$\frac{6 \text{ sec.} \times 120 \text{ km.}}{1 \text{ heure}}$$

ou

$$\frac{6 \times 120.000}{3.600} = 200 \text{ mètres.}$$

Le tireur aura donc visé 200 mètres en arrière.

Mais, connaissant ce qui précède, il devient aisé de préciser le tir et d'augmenter sérieusement les chances d'atteindre le but, surtout si l'on se sert d'une mitrailleuse. Les avions allemands ont des dimensions connues, en général 10 mètres environ d'envergure pour les monoplans, 14 mètres environ d'envergure pour les biplans. Donc, pour un biplan volant dans les conditions précédentes, il faudra tirer à une distance de $\frac{200}{14} = 14$ fois l'envergure de l'appareil en avant du sens de la marche. Ces calculs ne sont bien entendu qu'approximatifs. Si la distance de l'avion à atteindre peut être appréciée au télémètre, les autres données ne sont qu'approchées ; mais il n'en reste pas moins certain que les chances d'atteindre l'objectif augmenteront si on tient compte des considérations qui précèdent.

Il existe des canons spéciaux, dits verticaux, pour le tir aérien. Beaucoup sont montés sur automobiles, permettant ainsi le déplacement rapide et la concentration du tir. Les Allemands utilisent des canons Krupp de 65 et de 75^{mm}. En France, on dispose de canons verticaux de 100^{mm}, et un grand nombre de 75 ont été établis sur plate-forme, avec rotation de la pièce sur un cône. Le procédé est assez pratique et permet ainsi d'utiliser sans transformation notre admirable canon, dont les obus à shrapnells encadrent et très souvent atteignent les avions ennemis.

CHAPITRE VI

LES EXPLOITS DE NOS AVIATEURS
ET DES AVIATEURS ALLIÉS
DEPUIS LE DÉBUT DE LA CAMPAGNE

Avant d'énumérer les exploits (du 1er août 1914 au 30 juin 1916) de nos aviateurs et des aviateurs alliés, reproduisons quelques récits détaillés choisis parmi les plus remarquables exploits accomplis par nos courageux pilotes.

Un aviateur raconte avec simplicité
comment il descendit un aviatik.

Voici le récit de la descente d'un aviatik fait par l'auteur de cet exploit, au cours d'un passage à Paris :

Je me trouvais dans le Nord, dit l'aviateur, lorsque je reçus l'ordre de me rendre à X..., où des instructions pour une mission immédiate me seraient transmises.

On m'y présenta l'officier observateur qui devait m'accompagner. Nous ne nous connaissions pas, nous nous voyions pour la première fois, nous ne partîmes pas moins en toute confiance. Je me hâte de dire que j'ai rencontré rarement compagnon de route doué de plus de sang-froid et d'audace.

A peine avais-je pris de la hauteur, que j'aperçus devant moi un aviatik. Je fonçai sur lui. A ma grande joie il accepta le combat. Habituellement les aviateurs

allemands se défilent. Une courte lutte s'engagea d'abord
entre nous pour la conquête de la position la plus avan-
tageuse. Nous cherchions à nous survoler l'un l'autre ;
j'y réussis le premier.

Je dis à mon lieutenant en lui désignant une win-
chester : « Vous avez là une bonne carabine ; si vous
savez vous en servir, c'est le moment de le montrer. »
L'observateur ennemi tirait sur nous avec une mitrailleuse, mon lieutenant lui donna la réplique. Au bout
d'un quart d'heure, nous vîmes l'aviatik piquer droit et
aller s'abattre dans les lignes allemandes.

Le commandant de Rose.

Le général Cherfils, dans l'*Echo de Paris*, consacre les lignes
suivantes au commandant de Rose, un des premiers aviateurs
militaires :

Il m'est particulièrement doux, parmi les plus belles
citations à l'ordre de l'armée, d'avoir à applaudir à celle
d'un de mes plus chers et de mes meilleurs lieutenants
de la brigade de dragons de Lunéville, aujourd'hui
commandant de Tricornot de Rose. Son père est mort
quelques semaines trop tôt pour avoir la joie de lire cette
citation. Mais ses yeux de vieux soldat, avant de se
fermer dans l'espérance, avaient vu monter la jeune
gloire de son vaillant fils. On se souvient qu'en août un
de nos aviateurs fut obligé, faute d'essence, d'atterrir
dans la rue d'un village frontière. Il remplissait son réservoir, lorsqu'un peloton de cavaliers allemands apparut
à l'entrée du village. L'aviateur continue, impassible, sa
besogne, puis remonte sur son oiseau et s'envole au-
dessus des cavaliers boches. Surpris par ce sang-froid,
ils avaient cru que l'aéroplane était un des leurs. Ce
magnifique culot était du capitaine de Rose. Aujourd'hui
il dirige les escadrilles d'une armée « où il ne cesse de

faire preuve des plus belles qualités d'intelligence et d'entrain ». Nous autres, les vieux, lorsque nous voyons passer la gloire de nos anciens officiers, nous avons l'illusion de penser que nous y sommes presque pour quelque chose, pour avoir soufflé [avec notre âme sur la flamme de leur sacrifice.

Comment le lieutenant aviateur von Bülow fut descendu à coups de mousqueton.

Du *Matin :*

Je revenais des tranchées de V... lorsque j'appris qu'un albatros venait d'être descendu par deux de nos aviateurs.

A l'état-major, j'entrai au moment où un officier adressait cette question à un sous-officier :

— Choisissez : la Légion d'honneur ou la médaille militaire.

— La médaille militaire, répondit le héros que l'on me présenta, et qui était le pilote qui conduisait l'aéro vainqueur de l'aéro boche.

Je lui demandai le récit de ce poignant combat pour le *Matin.* Il me le fit, à condition que je ne citerais pas son nom pour ne pas effrayer ses parents qui ignorent qu'il accomplit des prouesses aussi dangereuses.

— C'est le deuxième que je descends, dit-il, mais, cette fois, la lutte a été particulièrement difficile.

Mercredi 26, au matin, j'aperçus un albatros venant des lignes allemandes, direction Laon, et se dirigeant vers Paris et Château-Thierry, après avoir traversé Fismes.

Je le pris en chasse.

Il était à 2.600 mètres. Je le gagnai de hauteur et le suivis à 3.000 mètres. Plus rapide que lui, je l'eus bientôt rejoint et la lutte commença.

Les Boches tirèrent les premiers. Une balle perça le siège de mon observateur, le lieutenant J..., qui rendit coup pour coup sans s'inquiéter davantage.

A ce moment, nous n'étions plus qu'à 10 mètres de l'albatros. Emportés par notre élan, nous le dépassâmes, et c'est alors que je reçus une balle à l'épaule, blessure peu grave qui ne m'empêcha pas de continuer la poursuite.

Les Boches essayèrent de se dérober perpendiculairement. Je les survolai de nouveau. Nous étions en plein soleil. Sans doute l'un d'eux était blessé, car du rouge miroitait sur le fuselage. Soudain, à bout portant, mon lieutenant tira une dernière salve.

L'albatros oscilla et, soudain, piquant du nez, fit une chute verticale de 2.000 mètres.

Nous le suivîmes des yeux. Sur terre, il sembla se mettre en boule pour dévaler le long d'un coteau, par bonds successifs, « comme un lapin » atteint en plein élan.

Nous descendîmes en spirale. Le pilote était à quelques mètres, ayant été jeté hors de l'appareil.

Quant à l'observateur, il était en bouillie sous le moteur. Du monde arrivait de toutes parts ; on le fouilla, on trouva sur lui des papiers au nom du lieutenant von Bülow, officier de la Garde, à Berlin, et probablement parent du général et du diplomate que l'Italie vient de rendre à l'Allemagne.

— Quelle impression avez-vous eue devant vos ennemis abattus ?

Et le héros me répond avec un regard étrange :

— Franchement, cela m'a fait de la peine. J'étais triste, très triste, et puis, soudain, on a retiré de deux boîtes placées dans la baignoire dix grosses bombes et une quarantaine de grenades ; alors j'ai été très heureux, et ma tristesse a fait place à une joie très vive, car j'ai compris que nous venions de sauver la vie de quelques victimes innocentes que les Boches allaient mitrailler cyniquement.

J'ajouterai que notre pilote et son observateur font partie de l'escadrille de chasse M. S. n° 12, de création récente, et qui, bien que formée par de tout jeunes aviateurs, compte déjà à son actif une dizaine de victoires de ce genre.

Lucien BOYER.

Cinq Boches pour un pied.

Nous empruntons au *Petit Journal* le récit d'une « tragédie dans les airs ». Comment ne pas frémir d'admiration à la lecture de l'exploit surhumain du pilote de M...! Il était allé, en compagnie d'un sergent, bombarder une position allemande sur la côte belge, et tous deux revenaient, la mission remplie.

Tout à coup, un obus allemand sectionne l'essieu des roues de devant du train d'atterrissage, pénètre par le « regard » de celluloïd de la nacelle, coupe net le pied gauche de M... et sort par le côté de la « carlina » — la nacelle — en faisant un énorme trou.

Le pilote blessé aussi grièvement, l'appareil « soufflé » par le vent du projectile, c'est la fin, la chute irrémédiable ! Déjà les Boches, en bas, triomphent. Ils viennent de recevoir sur la tête la boussole arrachée de l'avion.

On assiste alors à cette chose terrifiante, le biplan plonge, plonge... Mais de M..., malgré son horrible blessure, se redresse, et le voilà qui, au milieu des obus, reprend sa marche vers nos lignes.

De sa cheville coupée, le sang coule à flots. Il rougit le plancher de la nacelle, dégouline par les interstices, jusque sur les roues arrière, va balayer la figure du passager qui lui-même a reçu un shrapnell dans la tête. C'est une pluie rouge... Le sergent se rend compte qu'ils sont perdus.

De son bras gauche il soutient de M..., de sa main

droite il écrit avec un sang-froid superbe, au crayon, sur un papier fixé à une planchette...

« Je termine ma lettre, ma chère maman. Si nous devons tomber, à la garde de Dieu! mais que nos chefs sachent que notre mission a été remplie, et que notre bombe a été jetée où il fallait! »

De M..., avec son moignon, va-t-il pouvoir tenir? Il a encore 27 kilomètres à faire.

Le sergent lui crie tout à coup :

— Veux-tu que je prenne le « manche à balai » — le gouvernail?

De M..., furieux, se retourne à demi et hurle dans le vent :

— Non! non! F...-moi la paix. Aie confiance en moi, nous rentrerons en France!

Le sergent a fini sa lettre. Il reprend de M... sous les aisselles.

Le pilote plonge soudain dans le capot. Il saisit de la main gauche son pied sanglant dans la chaussure. Celui-ci « coinçait » son gouvernail de direction.

Il passe la pauvre loque rouge au sergent, derrière :

— Tiens! prends ça, je n'en ai plus besoin!

Et sa « commande » dégagée, s'appuyant sur son moignon, il va, il va, les yeux brouillés, raidi, tout son être bandé dans un ressaut d'énergie surhumaine...

Nous voyons soudain pointer vers notre champ un biplan qui flotte un peu.

Il descend cependant correctement, sur les roues de derrière. Et voilà les deux hommes qui touchent le sol au milieu de nous. Ce sont deux héros. Le sergent nous crie :

— Blessé! Il est blessé!

Le fuselage est rouge de sang, des gouttes vermeilles tachent l'herbe. On apporte un brancard. De M..., par le trou de l'obus, passe son pied déchiqueté hors du capot et descend lui-même de son appareil.

— Non, mais crois-tu qu'ils m'ont arrangé ! Ça ne fait rien, ils ne m'auront pas !

On ramasse le pied au fond de la nacelle et on place le blessé dans une voiture d'ambulance.

Il ne blague plus. D'un verbe exalté, il récite maintenant les beaux vers de « L'Aile », de Rostand. Il a la fièvre. Il veut bien enfin s'évanouir à son arrivée à l'hôpital de Zuydschote.

On l'a amputé hier matin. J'ai pu parvenir jusqu'à lui hier soir.

— Tu sais, lui ai-je dit, que tu es proposé pour la croix et le sergent pour la médaille militaire.

— Tant mieux ! me répond-il avec un sourire qui illumine son visage décoloré, tant il a perdu de sang. Je suis content !...

Il ajoute :

— Et puis, tu sais, mon vieux, quand je serai guéri, avec une machine articulée, je peux encore très bien piloter... Les Boches m'ont enlevé le pied... Ça me fait cinq doigts en moins... Il faut que j'en tue cinq, la première fois que je volerai !...

Dramatique capture d'un *aviatik*.

Le *Petit Parisien* a reçu d'un officier la lettre suivante, où il racontait les circonstances vraiment extraordinaires dans lesquelles un de nos aviateurs amena dans nos lignes un aviatik dont il avait tué le pilote et l'observateur.

Mon ami, le lieutenant aviateur P..., est trop modeste pour faire part au public de ses exploits. Il compte à son actif une vingtaine d'actes héroïques et de résultats merveilleux, qu'il attribue seulement à une heureuse chance ! Je ne puis pourtant m'empêcher de relater l'un d'eux. Je ne désignerai mon ami que par l'initiale de son nom, pour ne pas froisser sa modestie excessive.

Dans la région de la Woëvre, il s'agissait de repérer plusieurs batteries ennemies, soigneusement dissimulées à la lisière d'un bois par des branchages. Le lieutenant P... et l'observateur L... durent, pendant un quart d'heure, sous le feu de l'ennemi, faire leur reconnaissance ; mais, grâce à des virages adroits, seuls quelques éclats d'obus perforèrent les ailes de l'avion.

De dépit, les Boches envoyèrent un aviatik à la poursuite de notre appareil. Chose étrange ! nos ennemis virent bientôt l'avion français survoler le leur et l'aviatik fuir celui qu'il poursuivait tout à l'heure.

Malheureusement, une panne de moteur survint, le lieutenant P... dut atterrir un peu brusquement dans un champ. L'aviateur allemand, le croyant tué, eut cette fois l'héroïque courage d'atterrir auprès. Et alors commence le fantastique de l'aventure : le lieutenant P..., faisant le mort, laisse approcher l'officier allemand ; puis, à bonne portée, lui loge une balle de revolver dans la tête, et, en moins de temps qu'il n'en faut pour le dire, bondit sur l'aviatik, où il tue l'observateur sur son siège.

Puis, double ronflement du moteur... L'aviatik vient dans nos lignes, suivi de l'aéro français conduit par l'observateur L... !

Sans compter que quelques heures après, nos artilleurs, meilleurs que leurs confrères boches, mettaient hors de service trois ou quatre des pièces repérées.

Ai-je bien fait, malgré mon indiscrétion, de révéler au public un acte aussi crâne et de splendide sang-froid ?

Sous-lieutenant R...

LISTE CHRONOLOGIQUE DES EXPLOITS
DE NOS AVIATEURS ET DES AVIATEURS ALLIÉS

AOUT 1914

4 août 1914. — Un avion allemand est abattu par les soldats belges, près de Liége.

Deux aviateurs, sur biplan Maurice Farman, partent en reconnaissance.

14 août. — Un avion allemand, atteint par les balles françaises, dans la Woëvre, est forcé d'atterrir, et les deux officiers qui le montaient sont prisonniers.

Le lieutenant C... et le caporal P..., partis de Verdun, à 17^h30, chacun en avion, vont lancer des bombes sur les hangars de dirigeables de Frescaty, près de Metz, et reviennent à Verdun, après avoir essuyé plus de deux cents coups de canon.

Capture d'un avion allemand à Bouillon (Belgique).

16 août. — Deux aviateurs belges, contraints d'atterrir dans une contrée occupée par l'ennemi, réussissent à regagner à pied les lignes françaises. Le 18, avec une auto-mitrailleuse, ils retournent chercher leur avion, après avoir mis en fuite les uhlans qui le gardaient.

17 août. — Un avion allemand est abattu à Hastières, près de Givet.

18 août. — Un avion allemand est abattu près de Dinant. Un autre est descendu par les Russes, à Samo.

20 août. — Un avion français lance, sur une division de cavalerie allemande, des bombes qui jettent grand désordre dans les rangs ennemis.

Deux aviateurs, dont l'appareil a été fortement canonné, sont contraints d'atterrir, mais réussissent, après s'être cachés dans un bois jusqu'à la nuit, à rejoindre les lignes françaises à Dinant.

Le caporal aviateur F... lance des bombes sur les hangars de Frescaty, près Metz, y allumant un incendie.

Un avion allemand atterrit en Hollande à la suite d'une panne. Les deux officiers qui le montaient sont prisonniers.

————

SEPTEMBRE 1914

4 septembre. — Un avion allemand est abattu près de Belfort. Un autre est capturé près d'Ostende et ses officiers prisonniers. Un hydroaéroplane allemand, désemparé, est recueilli par un sous-marin anglais, et ses passagers sont faits prisonniers. Un avion allemand qui venait de jeter des bombes sur Gand est abattu à Sottegem ; ses passagers, blessés, sont faits prisonniers.

5 septembre. — Un aviateur français bombarde le bivouac d'une compagnie de la Garde ; 8 hommes et 8 chevaux sont tués ; 32 soldats sont blessés.

6 septembre. — Capture d'un avion allemand par les Russes.

8 septembre. — Le capitaine aviateur russe Nesteroff, apercevant un avion autrichien piloté par le baron Rosenthal, lance son avion contre l'appareil ennemi. Il en résulte une chute des deux aviateurs, qui se tuent.

9 septembre. — Une note officielle raconte comment un escadron de dragons, isolé au milieu des lignes allemandes et réfugié dans une ferme, détruisit, dans la nuit du 9 au 10 septembre, un parc d'aéroplanes allemands, comprenant des avions et un convoi d'automobiles, accoté à la route, entre Soissons et Compiègne.

Le lieutenant qui commandait le peloton, informé de la présence du parc, décida, à 2ʰ 30 du matin, de l'attaquer immédiatement.

Deux pelotons s'approchèrent à pied, à une quarantaine de mètres et ouvrirent le feu, tandis que le troisième peloton à cheval s'élançait au galop et était anéanti par une mitrailleuse placée à la tête des voitures.

Les deux pelotons à pied s'élancèrent à l'assaut, tuèrent les pointeurs de la mitrailleuse sur leur pièce et engagèrent une violente fusillade avec les Allemands qui ripostaient très bravement.

Tandis que les sapeurs détruisaient les avions, criblant de coups de pioche les moteurs, les réservoirs, les appareils, trois voitures contenant de l'essence s'enflammèrent, éclairant cette scène.

Il restait encore une voiture au centre. Elle paraissait contenir une seule escadrille.

Le lieutenant, suivi par trois cavaliers, rampa jusqu'à la voiture et arriva nez à nez avec deux Allemands, dont un officier.

Celui-ci déchargea son browning, tuant les trois cavaliers et traversant le bras de l'officier, qui le tua à bout portant d'un coup de revolver.

Le second Allemand renversa à coups de crosse le lieutenant qui, en rampant, parvint à s'échapper.

Dix Français seulement sur les trois pelotons engagés revinrent indemnes. Ils vécurent pendant trois jours cachés dans un village en pleines lignes allemandes.

Ils furent délivrés le 13 septembre par l'entrée victorieuse d'une division d'infanterie.

10 septembre. — Un avion allemand est abattu près de Rumont.

11 septembre. — Un avion allemand est descendu à Montigny par des dragons. Les deux passagers sont tués par la chute.

19 septembre. — Des aviateurs anglais bombardent un convoi à La Fère et abattent un avion allemand.

23 septembre. — Des aviateurs anglais bombardent et incendient les hangars à dirigeables de Cologne et de Dusseldorf.

A Autry, une bombe d'un de nos avions tue une trentaine de soldats allemands, au bord de la Senut; un autre projectile tue ou blesse 20 soldats. L'état-major allemand qui se trouvait à Autry doit se déplacer en toute hâte.

OCTOBRE 1914

5 octobre. — Aux environs de Reims, un aviatik, après avoir survolé nos lignes, se disposait à rentrer dans les lignes allemandes. L'aviateur F... et son mécanicien Q... s'élèvent sur un avion muni d'une mitrailleuse et donnent la chasse à l'avion allemand. Ce dernier est criblé de balles, le réservoir d'essence traversé, et les pilotes eux-mêmes grièvement blessés. L'aviatik s'abat en feu sur le sol.

Un autre avion allemand est descendu près de Romilly-sur-Seine.

9 octobre. — Un aviateur français jette une bombe

sur un rassemblement de cavalerie, tuant 30 hommes et
50 chevaux.

15 octobre. — Au sud-est de Lille, une division de cavalerie allemande est pourchassée et bombardée pendant toute
la journée et mise ainsi dans l'impossibilité de remplir sa
mission.

25 octobre. — Un avion français, piloté par le caporal S...,
mécanicien D..., rencontre au retour d'une reconnaissance
un avion allemand et l'abat près d'Amiens.

30 octobre. — Le hangar à dirigeables de Dusseldorf est
bombardé par nos avions ; 6 soldats sont tués.

31 octobre. — Les aviateurs M... et G..., chacun en avion,
sont attaqués, au retour d'une reconnaissance, par deux
avions allemands dont l'un est descendu.

NOVEMBRE 1914

2 novembre. — Le pilote aviateur G..., ayant comme passager le capitaine de V..., abat un avion ennemi.

3 novembre. — Nos avions jettent 240 bombes sur l'état-
major allemand à Thielt, près Dixmude, quartier général du
duc de Wurtemberg.

16 novembre. — Deux de nos avions bombardent les
hangars à dirigeables de Rheinau et Schwetzingen (Bade).

18 novembre. — Un aviatik est capturé dans nos lignes,
près de Reims, et ses deux passagers sont faits prisonniers.

21 novembre. — Trois aviateurs anglais, les commandants
Briggs et Babington et le lieutenant Sippe, vont bombarder

les ateliers et hangars Zeppelin, à Friedrichshafen. Ils y font des dégâts considérables et endommagent un superzeppelin. Fortement canonnés, deux aviateurs seulement réussissent à regagner leurs lignes, le troisième, grièvement blessé, est contraint d'atterrir, son réservoir d'essence étant crevé.

27 novembre. — Un biplan allemand est abattu ; il était monté par trois aviateurs, dont un a été tué, les deux autres faits prisonniers. Un autre avion allemand est contraint d'atterrir dans nos lignes; ses passagers, blessés, sont faits prisonniers.

DÉCEMBRE 1914

4 décembre. — Nos aviateurs vont bombarder Fribourg-en-Brisgau et jettent 6 bombes avec succès. Le magasin à canons de l'usine Krupp est également bombardé.

7 décembre. — Un avion allemand est abattu par un obus de 75 près de Chaumont-sur-Aire. Ses trois passagers sont trouvés carbonisés.
Nos avions bombardent les hangars de Fribourg-en-Brisgau.

8 décembre. — Deux avions allemands sont abattus par les Russes.

9 décembre. — Un avion français bombarde des réservoirs à pétrole, dans le Hainaut. Nos avions bombardent avec succès la gare et les hangars d'aviation de Fribourg-en-Brisgau. Ils jettent un total de 18 bombes.

14 décembre. — Un avion allemand, cerné par deux avions russes, est contraint d'atterrir.

15 décembre. — Nouveaux raids sur Fribourg-en-Brisgau

et Friedrichshafen par des aviateurs français, qui reviennent dans nos lignes après avoir essuyé un feu violent.

17 décembre. — Un avion anglais bombarde un train militaire allemand, qui arrivait à Zeebrugge. 40 fusiliers sont tués et une centaine blessés.

18 décembre. — Un de nos aviateurs abat un avion allemand, qui tombe dans les lignes allemandes, le pilote ayant été tué d'un coup de carabine.

19 décembre. — Un aviateur anglais bombarde une caserne de Bruges.

21 décembre. — Un aviateur anglais bombarde les hangars de dirigeables, à Bruxelles.

22 décembre. — Bombardement du port de Strasbourg et de la gare de Dieuze.

23 décembre. — Deux de nos avions bombardent le parc aérostatique de Riéting, près de Sarrebourg.

24 décembre. — Un biplan anglais a bombardé, le 24 décembre, le hangar de dirigeables allemands à Bruxelles. La fumée de l'incendie a empêché de constater l'importance des dégâts.

25 décembre. — Nos avions jettent 12 bombes sur une compagnie à Cercourt, 4 sur un bivouac à Dontrien, 1 au bois de Saint-Mard, 1 à Nampcel, 2.000 fléchettes sur des voitures et de l'infanterie dans la même région.
Nos avions, au cours d'un vol de nuit, bombardent un cantonnement avec succès, mais le feu de l'ennemi contraint un de nos aéroplanes à atterrir.

26 décembre. — Nos avions jettent 10 bombes et 3.000 fléchettes dans la région du bois de Saint-Mard. Ils bombar-

dent les hangars d'aviation de Frescaty et une des gares de
Metz, où des mouvements de troupes étaient signalés, ainsi
que les casernes Saint-Privat, à Metz.

Bataille aéro-navale de Cuxhaven.

Londres, 26 décembre. — Un communiqué de l'Amirauté
dit que sept hydravions, escortés d'une escadrille de croiseurs légers et de destroyers, ont bombardé les navires allemands ancrés dans la passe de Schilling, près de Cuxhaven.

Deux zeppelins et plusieurs taubes et sous-marins ont attaqué vainement l'escadrille anglaise, qui n'a subi aucun dom-
mage, et a attendu le retour des hydravions en vue de la côte
allemande, pendant trois heures.

Elle a pu réembarquer trois hydravions.

Quatre autres aviateurs ont été recueillis en mer. Nous
avons coulé ensuite leurs appareils.

L'étendue des dégâts causés par les hydravions est inconnue, mais tous les projectiles ont été lancés sur des points
qui présentent une importance militaire.

Les journaux reproduisent un télégramme de Berlin, men-
tionnant le bombardement des navires allemands et de l'usine
à gaz de Cuxhaven.

Les hydros anglais, poursuivis par les zeppelins et les
taubes, seraient repartis dans la direction de l'ouest.

Le *Times* publie les détails suivants :

Lors de l'attaque de Cuxhaven, les hydravions anglais,
descendant aussi bas que leur sécurité le leur permettait,
jetèrent des bombes.

Malgré les démentis allemands, il existe d'excellentes raisons de croire que ces bombes causèrent des dégâts considérables ; qu'un hangar et un dirigeable furent détruits et
un certain nombre de zeppelins et de hangars fortement
endommagés.

Cependant, les Allemands avaient découvert l'escadre britannique qui escortait les hydravions.

Ils envoyèrent deux zeppelins et plusieurs hydravions, ainsi que des sous-marins.

Les zeppelins lancèrent, les premiers, un nombre considérable de bombes sur les navires anglais, mais aucune n'atteignit son but.

Le feu des croiseurs anglais les obligea à fuir et atteignit sérieusement un zeppelin.

Les sous-marins allemands attaquèrent ensuite, mais ils furent tenus en respect par une habile manœuvre des navires anglais.

Nos aviateurs, en regagnant leurs navires, furent alors attaqués par les forces aériennes ennemies. Sur sept, six rentrèrent indemnes.

Malgré les allégations allemandes, tous les navires britanniques regagnèrent leur base navale, sans perte d'hommes ni de matériel.

27 décembre. — Nos avions jettent 8 bombes sur un ballon captif, aux Hauts de Meuse et des fléchettes dans la même région.

29 décembre. — 2.000 fléchettes sont jetées sur un rassemblement allemand à Dontrien.

31 décembre. — 1.000 fléchettes sont jetées sur un rassemblement allemand à Saint-Hilaire.

———

JANVIER 1915

1er janvier 1915. — Nos avions bombardent les gares de Metz et d'Arnaville.

3 janvier. — Nouveau bombardement des gares de Metz et d'Arnaville, et des hangars à dirigeables d'Etterbeek, près de Bruxelles.

5 janvier. — Deux aviateurs français jettent des bombes sur Liesdorf, près Sarrelouis.

10 janvier. — L'aviateur G... et le lieutenant de P... abattent un avion allemand monté par le pilote Keller et le lieutenant Palhestein, près d'Amiens.

11 janvier. — Un aviateur anglais jette des bombes sur des positions allemandes à Anvers.

12 janvier. — Une escadrille française bombarde (14 obus) la gare de Noyon.

13 janvier. — Nos avions bombardent la voie ferrée Altkirch-Carspach, et la gare de Remilly.

14 janvier. — Deux avions allemands sont abattus par les Russes.

16 janvier. — Neuf aviateurs anglais bombardent la gare et les casernes d'Ostende.

18 janvier. — Deux avions allemands sont abattus par nos canons, près de Bar-le-Duc.

20 janvier. — Des avions anglais bombardent les usines Krupp, à Essen.
Un avion ennemi atterrit, faute d'essence, près de Béhonne (Meuse). Les deux officiers qui le montaient sont faits prisonniers.

21 janvier. — Plusieurs aviateurs anglais bombardent la gare d'Ostende.

22 janvier. — Des avions allemands qui venaient de bombarder Dunkerque sont poursuivis par nos aviateurs, qui réussissent à abattre un avion ennemi à Bray-Dunes. Les deux passagers sont prisonniers.

Les canons anglais abattent, à Flêtre, près de Bailleul, un aéroplane allemand.

23 janvier. — Un aviateur français bombarde les points militaires de Bruges.

Les aviateurs anglais Daviès et Pearse jettent 27 bombes sur Zeebrugge, causant d'importantes avaries à un sous-marin et à des canons. L'aviateur Daviès, cerné par sept avions ennemis, réussit à s'échapper ainsi que l'aviateur Pearse.

24 janvier. — Un aviateur anglais détruit, à Essen, un hangar d'automobiles et les 400 voitures qui y étaient contenues.

27 janvier. — Un avion français abat un drachen-ballon.

28 janvier. — Un avion allemand est abattu par nos canons, en Belgique.

Deux avions français jettent de nombreuses bombes sur des cantonnements ennemis, dans la région de Laon—La Fère—Soissons.

29 janvier. — Un avion allemand est abattu près de Gerbéviller, et ses deux passagers sont faits prisonniers.

Un avion français jette quatre bombes sur l'état-major allemand, à Ostende.

————

FÉVRIER 1915

2 février. — La station allemande d'aviation de Ghistelles est bombardée par des avions anglais.

4 février. — Un avion allemand est abattu par nos canons, près de Verdun, et ses passagers sont faits prisonniers.

Les Russes abattent un taube à Rava.

Nos canons spéciaux abattent un taube près de Malo.

5 février. — Un aviateur français abat trois avions ennemis dans la même journée.

8 février. — Entre l'Oise et l'Aisne, notre artillerie a abattu un taube, qui est allé tomber, en flammes, dans les lignes allemandes.

10 février. — A Cugny, dans l'Aisne, un de nos aviateurs détruit un ballon-signal ennemi.

Biplan Caudron, prenant un virage, avant l'atterrissage.

Un avion allemand est abattu près de Verdun. Le pilote, lieutenant von Hidelin, avait, en septembre, jeté sur Paris des bombes avec des proclamations invitant les Parisiens à se rendre.

Un aviateur français détruit un hangar à essence, près de Gand. Cinq autres aviateurs bombardent le centre d'aviation de Mulhouse.

12 février. — Un avion allemand, qui venait de bombarder Dunkerque, est abattu près de Malo-les-Bains.

Trente-quatre avions ou hydravions anglais ont attaqué les régions de Bruges, Zeebrugge, Blankenberghe et Ostende, dans le but d'empêcher le développement de la base des sous-marins allemands. Les aviateurs sont rentrés sains et saufs, après avoir détruit complètement les gares d'Ostende et de Blankenberghe, les lignes de chemins de fer, la station élec-trique de Zeebrugge et les hangars à dirigeables de cette localité, avec tout leur contenu. L'expédition était commandée par le pilote aviateur Samson, ayant comme seconds les avia-teurs Langmore, Porte, Courtney et Kathbone. Les aviateurs ont jeté en tout 240 bombes.

16 février. — Quarante avions anglais et huit français bom-bardent Ostende et Zeebrugge, dans le but de compléter l'œuvre entreprise. Des bombes ont été lancées sur les grosses batteries établies à l'est et à l'ouest du port d'Ostende, sur les positions d'artillerie de Middelkerke, sur des prolonges du train des équipages, sur la route d'Ostende à Ghistelles et sur le môle de Zeebrugge, en vue d'élargir la brèche pratiquée au cours des précédentes attaques des écluses de Zeebrugge ; sur des chalands en face de Blankenberghe, sur les chantiers en face de Zeebrugge.

Les avions français qui coopéraient à l'attaque ont bom-bardé vigoureusement l'aérodrome de Ghistelles, empêchant ainsi les avions allemands de couper la route aux avions bri-tanniques.

17 février. — Les avions français bombardent la gare de Fribourg-en-Brisgau et les casernes de Mulhouse.

L'artillerie anglaise abat un taube, près de Zande ; les bombes qu'il contenait ont explosé au moment de la chute, tuant le pilote et l'observateur.

23 février. — Un avion allemand qui survolait nos lignes est descendu à Nœux, près de Saint-Pol, par un obus. Les deux officiers qui le montaient sont prisonniers.

25 février. — Nos aviateurs ont lancé 60 bombes sur les gares, les trains et les rassemblements ennemis, en Champagne. Ce bombardement, qui a pu être contrôlé, a été très efficace.

Un aviateur français jette 3 bombes sur les casernes de Metz.

26 février. — Un avion allemand est abattu près de Baccarat.

———

MARS 1915

2 mars. — Un avion allemand est abattu par les canons anglais, entre Vermelles et Annequin.

3 mars. — Un avion allemand est abattu près de Verdun par le fort de Vaux. Les deux aviateurs sont faits prisonniers.

4 mars. — Un de nos aviateurs, le capitaine H..., bombarde la poudrerie allemande de Rottweil. (Le succès a été complet. Dix minutes après le lancement des bombes, la poudrerie était en feu et les flammes s'élevaient à 400 mètres de haut. Notre aviateur a fait, aller et retour, un raid de 300 kilomètres.)

7 mars. — Quatre aéroplanes anglais jettent 11 bombes sur les ateliers de réparation de sous-marins, à Ostende ; 4 bombes sont aussi lancées sur le Kursaal, siège du quartier général allemand. Fortement canonnés, tous les aviateurs sont rentrés à leur base.

17 mars. — Un aviateur français bombarde les casernes de Colmar.

21 mars. — 20 obus sont lancés sur l'aérodrome de Gits, sur la voie ferrée et sur les stations de Lichterfelde et d'Essen.

Un aviatik est poursuivi jusqu'à Roulers à coups de carabine. 10 obus de 90 sont lancés sur la gare de Merken et sur celle de Vijfwege.

Plus au sud, près de La Bassée, la chasse est donnée à deux avions ennemis qui sont obligés de rentrer dans leurs lignes.

La gare de Roye est efficacement bombardée.

Dans la vallée de l'Aisne, un aviatik est mis en fuite par deux de nos avions.

En Champagne, 500 fléchettes sont lancées sur un ballon captif allemand, plusieurs obus sur la gare de Bazincourt et sur les batteries ennemies de Brimont et de Vailly.

Un avion allemand est poursuivi au nord de Reims.

En Alsace, le sergent S..., pilote, et le sous-lieutenant M..., observateur, abattent un aviatik, sur la voie ferrée, à l'ouest de Colmar.

Les gares de Cernay et d'Altkirch et la caserne de Mülheim sont bombardées.

22 mars. — En Belgique, la gare de Staden, près de Roulers, et divers cantonnements, sont bombardés. Plusieurs obus sont lancés avec succès sur le champ d'aviation de Bruquette, près de Valenciennes.

Dans la région de l'Aisne, les casernes de La Fère, les gares d'Anizy, de Chauny, de Tergnier et de Coucy-le-Château sont bombardées par avions.

En Champagne, le champ d'aviation et les dépôts de munitions de Pont-Faverger ont reçu, de jour et de nuit, plusieurs obus de 90.

La gare de Conflans-Jarny et les voies voisines sont bombardées par 40 obus (l'efficacité du bombardement a été constatée).

Les casernes et la gare de Fribourg-en-Brisgau reçoivent 8 obus.

24 mars. — Deux avions anglais bombardent les chantiers de construction de sous-marins allemands à Hoboken, près Anvers. 8 bombes sont lancées; 2 sous-marins sont détruits et plus de 300 ouvriers blessés.

26 mars. — Des avions français jettent 10 bombes sur les casernes de Metz et 4 bombes sur les casernes à l'est de Strasbourg, tuant et blessant une cinquantaine de soldats.

27 mars. — Un avion allemand est abattu près de Manonviller. Ses deux passagers sont faits prisonniers.

Cinq aviateurs bombardent Ichteghem, près de Thourout, où les Allemands avaient concentré des troupes et établi une base navale (30 soldats ont été tués et une soixantaine blessés).

Un aviateur anglais lance 5 bombes sur le bassin de radoub de Bruges, utilisé par les sous-marins allemands.

28 mars. — Plusieurs aviateurs belges bombardent le camp d'aviation de Ghistelles.

29 mars. — Un aviateur français bombarde un train allemand avec succès.

Un aviateur anglais bombarde Zeebrugge.

30 mars. — Pendant la nuit, nos aviateurs lancent 24 obus sur des gares et des bivouacs ennemis, dans la Woëvre, en Champagne, dans le Soissonnais et en Belgique.

Un avion allemand est abattu par nos canons, près de Poperinghe. Les aviateurs ont été tués par la chute.

31 mars. — Nos avions bombardent la gare maritime de Bruges et le camp d'aviation de Gits. Des aviateurs belges et français bombardent (30 bombes) le camp d'aviation d'Handzaeme et le nœud de voies ferrées de Cortemarck.

AVRIL 1915

1er avril. — Un aviateur anglais jette 4 bombes sur un sous-marin en construction à Hoboken. Un autre aviateur anglais survole Zeebrugge et jette 4 bombes sur deux sous-marins.

2 avril. — L'aviateur G... abat un aviatik à coups de mitrailleuse, au sud de Dixmude.

L'aviateur N... abat un autre avion allemand à coups de fusil, dans la région de l'Aisne. Un autre avion est abattu par notre artillerie, à l'est de Soissons.

Une escadrille lance des obus en Alsace sur les hangars et le champ d'aviation d'Habsheim, l'usine de Diettwiller et la gare de Walheim.

A Bensdorf, 1 bombe de 10 kilos est jetée sur la gare, 3 bombes sur les cantonnements ennemis.

Le terrain d'aviation de Coucy-le-Château, au nord de Soissons, et la gare de Comines, en Belgique, sont bombardés.

Bombardement de la gare de Somme-Py, en Champagne (8 obus de 90) et de la station de Dontrien (4 obus). Des bivouacs, près de L'Écaille et de Saint-Étienne-sur-Suippes, sont atteints par des obus de 90. Sur d'autres bivouacs, aux environs de Bazancourt et de Pont-Faverger, nos aviateurs lancent un millier de fléchettes.

Une de nos escadrilles de bombardement lance 33 obus sur les baraquements, les hangars et la gare de Vigneulles-en-Woëvre, y causant des dégâts importants. Quoique très violemment canonnés, tous les appareils reviennent dans nos lignes.

8 avril. — Des avions anglais jettent 7 bombes sur les positions allemandes de Knocke.

9 avril. — Des aviateurs anglais font un raid de nuit sur Zeebrugge.

10 avril. — Des aviateurs anglais jettent la nuit des bombes sur Heyst et Knocke.

11 avril. — Nos avions bombardent, avec des obus de 155, la gare maritime de Bruges et la fonderie de cette ville.

12 avril. — Des avions français bombardent et incendient des casernes à Hambourg.

13 avril. — Nos avions bombardent avec succès les hangars militaires de Vigneulles-en-Woëvre et dispersent non loin de là un bataillon allemand en marche. — Un avion allemand est abattu, près de Croismare, par un avion français.

14 avril. — Deux avions allemands sont abattus, l'un près de Braine, l'autre près de Lunéville. Un troisième est abattu, mais tombe à 600 mètres de nos lignes, au nord de Verdun.

15 avril. — Un de nos avions survole Smyrne et lance des bombes sur le fort Neastro (tuant 6 soldats) et sur des navires marchands allemands.

Un aviateur allié a survolé, dans la matinée, plusieurs endroits du sud de la Forêt-Noire. Il a jeté 4 bombes à Stockau.

La gare de Saint-Quentin est bombardée par nos avions, qui détruisent un dépôt de munitions, 150 wagons et tuent 24 soldats.

16 avril. — A titre de représailles contre le bombardement de Nancy par un zeppelin, un de nos avions jette des bombes sur le grand quartier général allemand.

(Les projectiles sont tous tombés sur les bâtiments où est installé, à Mézières et à Charleville, l'état-major impérial.)

Nous avons également bombardé la gare de Fribourg-en-Brisgau.

Enfin, une escadrille de quinze appareils a jeté des bombes avec plein succès sur les bâtiments militaires allemands d'Ostende.

Nos appareils, violemment bombardés, sont tous rentrés indemnes.

Le lieutenant aviateur G..., après une poursuite opiniâtre, réussit à abattre un taube, à l'est de Messines, entre Ypres et Armentières.

Dix bombes sont lancées sur l'atelier de chemins de fer et la gare de Leopoldshöhe, à l'est de Huningue, actuellement utilisée à la fabrication des obus.

Dix obus sont lancés sur la poudrerie de Rottweil (6 ont

porté). Une grande flamme rouge s'est élevée, surmontée d'une épaisse fumée. Les aviateurs ont reçu des éclats d'obus dans l'appareil, mais sont rentrés sains et saufs.

Quarante obus, dont la plupart ont porté, ont été jetés sur la Centrale électrique de Maizières-lès-Metz, à 15 kilomètres au nord de Metz. L'usine fournit la force et l'éclairage à la ville et aux forts de Metz. Une épaisse fumée s'est élevée du bâtiment central.

A leur retour, les aviateurs, rencontrant trois aviatiks, leur ont donné la chasse et les ont forcés à atterrir. Ils n'ont eu aucun accident, malgré une violente canonnade des forts de Metz.

Aviateur s'apprêtant à survoler les lignes ennemies, sur biplan M. Farman.

18 avril. — Un avion anglais abat un avion allemand en Belgique, près de Boesinghe.

Un avion belge abat un avion allemand près de Roulers.

Dans la même région, une escadrille française bombarde le terrain d'aviation.

Un avion français, après une poursuite brillante, abat un avion allemand, qui tombe dans les lignes ennemies, en Belgique, entre Langemarck et Passchendaele.

L'aviateur Garros, au cours d'une reconnaissance, est

obligé d'atterrir par suite d'une panne provoquée par le tir
de l'ennemi, à Ingelmunster, à 10 kilomètres au nord de
Courtrai, et est fait prisonnier.

20 avril. — Nos avions bombardent Kandern, les gares de
Lörrach, Mülheim et Habsheim, ainsi que les voies ferrées.

21 avril. — Les aviateurs belges bombardent l'arsenal de
Bruges et le champ d'aviation de Lisseweghe.

Nos avions bombardent : 1° en Woëvre, le quartier général
du général von Strantz et des convois; 2° dans le grand-
duché de Bade, à Lörrach, une usine de transformation
d'énergie.

Dans la région d'Ypres, quatre avions ont été capturés.

Les Russes abattent un avion allemand près de Zambroff.

23 avril. — Dans la matinée, au cours d'une reconnaissance exécutée avec succès, un aviateur anglais endommage
un aéroplane allemand et le force à atterrir.

Deux aviateurs français abattent un autre avion allemand,
près de Messines.

24 avril. — Deux biplans russes *Sikorsky* bombardent
Neidenbourg avec succès.

26 avril. — Un aviateur russe bombarde Czernowitz.

Des aviateurs anglais lancent avec succès des bombes sur
les gares de Tourcoing, Roubaix, Ingelmunster, Staden,
Langemarck, Thielt et Roulers.

27 avril. — Des avions russes jettent 15 bombes sur
Plock, détruisant plusieurs bateaux de ravitaillement.

Un aviateur anglais survole et bombarde la fabrique
d'armes d'Oberndorff (royaume de Wurtemberg), y causant de
grands dégâts.

Les Russes capturent deux avions allemands à Noselsk et
un avion autrichien à Rimanof.

Nos avions lancent 32 obus sur la gare de Bollwiller et

60 obus sur la gare de Chambley, mettant le feu à un dépôt de munitions.

Quatre avions allemands sont abattus, deux en Champagne, un à Muison (près Reims), un autre près de Brimont.

28 avril. — Nos aviateurs, partis de Belfort, survolent et bombardent Haltingen, détruisant plusieurs locomotives, et Lörrach, tuant et blessant 42 soldats, et détériorant deux avions ennemis.

Un avion français jette 6 bombes sur Friedrichshafen.

Vingt et un obus sont jetés sur la gare, les ponts et l'usine de Leopoldshöhe. Un de nos avions est contraint d'atterrir.

30 avril. — Un avion allemand est abattu par les canons anglais, près d'Ypres.

Un de nos avions, détruit par une explosion, s'abat dans les lignes ennemies.

MAI 1915

1er mai. — Nos avions bombardent de nuit des bivouacs ennemis.

3 mai. — Un avion allemand est contraint d'atterrir dans les lignes britanniques.

4 mai. — Un aviateur français, fortement canonné, réussit à repérer et à faire détruire la batterie lourde qui bombardait Dunkerque à grande distance.

10 mai. — Des avions anglais bombardent le chemin de fer à Staden, le pont du canal à Don, Fournes, Weppes, Herlies, Illies, Erquinghe et La Bassée.

12 mai. — Un de nos avions bombarde un hangar à dirigeables à Maubeuge et y allume un incendie. Un avion

ennemi lance sans résultat des bombes sur la gare de Doul-
lens. Un autre, poursuivi entre Argonne et Meuse par un
appareil français, doit atterrir dans les lignes allemandes où
il prend feu. D'autre part, les Allemands ont abattu un avion
anglais, et les troupes britanniques deux avions allemands.

13 mai. — Un aéroplane anglais a survolé Constantinople,
y semant une grande panique. L'appareil s'est ensuite dirigé
vers la Mer Noire.

Un aéroplane turc, qui avait vainement cherché à l'atteindre, a été abattu à Bakthe Keuy par l'artillerie turque
qui le prenait pour l'aéroplane anglais.

17 mai. — Le zeppelin qui avait attaqué Ramsgate dans
les premières heures de la matinée a été mis en fuite par des
avions de Eastchurch et de Westgate, qui l'ont pourchassé
jusqu'au bateau-phare *West-Hinder*.

Comme le dirigeable ennemi arrivait au large de Nieuport,
il fut attaqué par huit hydroaéroplanes venant de Dunkerque,
dont trois réussirent à engager contre lui un feu à courte
portée.

Le chef d'escadrille, commandant A.-W. Bigsworth, a
laissé tomber un certain nombre de bombes sur l'aéronef
ennemi, alors qu'il se trouvait à environ 200 pieds au-dessus
de lui. On a pu observer qu'une forte colonne de fumée sor-
tait d'un des compartiments du zeppelin. Ce dernier s'éleva
alors à une hauteur considérable, qu'on évalue à 11.000 pieds
(environ 3.500 mètres). Il avait une position très inclinée,
avec l'arrière en bas. On croit qu'il a été gravement endommagé.

Bien que tous nos aéroplanes aient été soumis à un feu très
intense du zeppelin, nous n'avons aucune perte à déplorer.

(*Daily Mail.*)

20 mai. — Entre Nieuport et Arras, deux avions allemands sont abattus, l'un par l'artillerie britannique, l'autre
par la nôtre.

24 mai. — Nos avions lancent 4 obus sur la gare de Douai

(un incendie y a été constaté dans le voisinage de la gare des marchandises).

25 mai. — La gare Saint-Pierre de Gand est en partie détruite par des aviateurs anglais.

Nos avions ont, sur tout le front, montré une très grande activité et réussi plusieurs entreprises de bombardement. Ils ont lancé 203 projectiles, dont 82 grosses bombes d'un poids de 10 kilos et 14 obus de 155 (poids : 43 kilos).

L'efficacité des explosions a pu être constatée en plusieurs points, notamment au parc d'aviation de Hervilly (sud-est de Roisel), où un hangar et un avion ont pris feu, et à la réserve d'aviation allemande du Grand-Priel (nord-ouest de Saint-Quentin) dont le dépôt d'essence a été atteint.

Un avion allemand, qui se dirigeait dans la matinée sur Paris, s'est heurté à l'escadrille du camp retranché. Il a jeté des bombes, sans aucun résultat, sur Villenoy, près de Meaux.

Les escadrilles du front, prévenues, l'attendirent au retour.

L'aviatik, chargé de quatre bombes, a été abattu par un de nos avions près de Braine, dans la région de Soissons. Les deux aviateurs allemands qui le montaient ont été tués.

Nos avions ont jeté, avec succès, cinquante obus sur l'aérodrome de La Brayelle, près de Douai. Les hangars et les appareils qui se trouvaient sur le terrain ont été atteints.

Raid aérien sur Ludwigshafen.

27 mai. — Une de nos escadrilles, composée de dix-huit avions, portant chacun 50 kilos de projectiles, a bombardé ce matin, à Ludwigshafen, l'usine de produits chimiques Badische Anilin, l'une des plus importantes fabriques d'explosifs de toute l'Allemagne.

Les résultats constatés ont prouvé l'efficacité du bombardement. Plusieurs bâtiments ont été atteints. De nombreux incendies ont été allumés.

Les aviateurs sont restés près de six heures en l'air et ont parcouru plus de 400 kilomètres.

Cette expédition contre un important établissement militaire a servi de riposte aux tentatives des avions allemands sur Paris.

Les dix-huit appareils qui ont bombardé les usines d'explosifs de Ludwigshafen sont rentrés tous, sauf un, qui a été obligé d'atterrir près de Ludwigshafen (¹), probablement par suite du feu de l'ennemi, et que son équipage a brûlé.

Cette expédition montre à quel degré d'habileté et de courage sont parvenus nos pilotes. Cela constitue le plus beau fait d'armes aérien encore accompli.

Les usines de la Badische Anilin und Soda-Fabrik, les plus considérables fabriques d'explosifs de l'Allemagne, occupent tout un quartier de Ludwigshafen, près de Mannheim, et une importante annexe a été récemment installée à Oppau, à 3 kilomètres de Ludwigshafen.

Les avions ont lancé 47 obus de 90 et 2 obus de 155 sur le premier objectif, et 36 obus de 90 sur l'usine d'Oppau. Tous les obus ont atteint le but.

Dès 6ʰ 15, trois foyers d'énormes fumées jaunes se voyaient à Ludwigshafen et, à 6ʰ 50, les avions ont constaté de grandes masses de fumée qui recouvraient Ludwigshafen et Oppau.

29 mai. — Un aviateur anglais a survolé hier les environs de Bruges. Il volait très bas et subit, pendant quinze minutes, une violente canonnade sans être atteint. Il disparut dans un nuage formé par les obus allemands.

Les Allemands ont déménagé leur dépôt de pétrole en raison des nombreuses visites des aviateurs alliés.

30 mai. — Près de Thiescourt, au sud-est de Lassigny, nous avons abattu un aviatik, qui a pris feu en tombant en avant de nos lignes.

Un aviateur anglais descend un avion allemand, près de Moorslede.

31 mai. — Deux aviateurs alliés ont lancé dix-neuf bombes

---

(1) Ludwigshafen est situé en Bavière, sur la rive gauche du Rhin, en face de Mannheim.

sur l'aérodrome de Gontrode, au sud-est de Gand, et en ont détruit la majeure partie.

Les bombes sont tombées avec une violence terrifiante, faisant éclater de grandes quantités d'explosifs.

Quarante-quatre soldats ont été tués ; une trentaine ont été blessés.

Des aviateurs alliés ont effectué un raid sur Ostende, de nuit, et jeté de nombreuses bombes qui ont détruit plusieurs batteries de la côte. Les aviateurs sont rentrés indemnes, malgré un feu violent des canons de la défense ennemie.

JUIN 1915

1er juin. — Nos aviateurs bombardent Ostende.

4 juin. — Vingt-neuf avions français bombardent le quartier général du Kronprinz. Après avoir lancé 178 obus, dont beaucoup ont atteint leur but, et plusieurs milliers de fléchettes, les appareils, quoique fortement canonnés, rentrent tous indemnes.

8 juin. — Le hangar à dirigeables d'Evere, près Bruxelles, est incendié par deux aviateurs anglais.

Un aviateur anglais, le lieutenant Warneford, détruit un zeppelin, qui s'abat aux environs de Bruges.

9 juin. — L'artillerie anglaise abat deux avions ennemis.

11 juin. — Des escadrilles d'avions russes bombardent les campements autrichiens dans la région de Starosheby, sur la Vistule.

14 juin. — En représailles du bombardement par les Allemands de villes ouvertes françaises et anglaises, vingt-trois de nos avions bombardent Karlsruhe, capitale du grand-duché de Bade.

Bien que gênés par le vent nord-est, les appareils son

arrivés au-dessus de la ville entre 5ʰ5o et 6ʰ2o du matin. Ils ont lancé 13o projectiles de 9o et de 155 sur les objectifs qui leur étaient indiqués, notamment sur le château, la manufacture d'armes et la gare. Un grand nombre d'incendies se sont allumés pendant que nos avions survolaient la ville. Une forte panique a été constatée dans la gare où les trains sont partis précipitamment, se mettant en marche dans la direction de l'est.

Les appareils ont été violemment canonnés, en particulier à l'aller à Saverne, Strasbourg, Rastatt, Karlsruhe et au retour à Blâmont, Phalsbourg et Saverne. Tous sont rentrés, sauf deux.

16 juin. — Un avion allemand est contraint d'atterrir dans nos lignes, près de Noroy-sur-Ourcq, au nord-est de La Ferté-Milon. Les aviateurs sont faits prisonniers.

17 juin. — Nos escadrilles bombardent efficacement des réserves allemandes à Givenchy et au bois de la Folie et dispersent des rassemblements en formation.

Un avion ennemi est abattu par un de nos appareils en Alsace. Les deux aviateurs allemands sont tués dans la chute.

Un aviateur italien détruit la gare de Divacca.

25 juin. — Nos avions lancent une vingtaine d'obus, dont dix de 155, sur la gare de Douai et les gares voisines. La gare de Douai paraît sérieusement atteinte.

27 juin. — Un de nos aviateurs jette 8 obus sur les hangars de zeppelins, à Friedrichshafen. Une panne de moteur l'oblige à atterrir en Suisse.

31 juin. — Des aviateurs anglais lancent des bombes sur Zeebrugge et Bruges.

Les aviateurs italiens bombardent avec efficacité une colonne de troupe et des convois près d'Opacchiasella et de la gare de San Daniele.

Monoplan Morane-Saulnier à mitrailleuse, piloté par Gilbert.

JUILLET 1915

1er juillet. — Un aviateur français, le lieutenant de vaisseau R..., en hydravion dans la haute Adriatique, jette d'une hauteur de 15 mètres, sur le submersible autrichien *V-11*, deux bombes qui font explosion très près de la tourelle et qui endommagent très sérieusement le submersible.

3 juillet. — Nos avions bombardent les gares de Challerange, Zarren et Langemarck, ainsi que des batteries à Vimy et à Beaurains.

Nouveau bombardement de Bruges par des avions anglais.

5 juillet. — Nos avions bombardent, aux Dardanelles, l'aérodrome turc de Chanak, atteignant d'un gros obus le hangar central.

6 juillet. — Une escadrille d'avions italiens bombarde le champ d'aviation autrichien près d'Aisovizza, à l'est de Gorizia, provoquant des incendies.

Un autre avion italien bombarde efficacement la station de Nabresina.

10 juillet. — Nos avions bombardent les gares d'Arnaville et Bayonville et les baraquements de Norroy (22 obus et 1.000 fléchettes).

11 juillet. — Un de nos avions abat un aviatik allemand, près d'Altkirch.

13 juillet. — Une escadre aérienne, à l'effectif de trente-cinq avions, malgré un vent de 18m50, bombarde la gare stratégique installée par les Allemands à Vigneulles-lès-Hattonchâtel. Cette gare dessert à la fois la région de la tranchée de Calonne et celle de la forêt d'Apremont. De très importants approvisionnements de toute nature, et particulièrement des munitions, y étaient concentrés. Nos avions ont lancé, sur les objectifs désignés, 171 obus de 90. Le bombardement a déterminé plusieurs foyers d'incendie ; tous nos appareils sont rentrés, bien qu'ayant été assez fortement canonnés.

Une escadrille d'avions italiens bombarde un camp autrichien aux environs de Gorizia.

14 juillet. — Notre aviation, poursuivant ses entreprises de bombardement, réussit à opérer des destructions importantes à la gare de Libercourt, bifurcation militaire entre Douai et Lille : une escadre de vingt avions lance, sur les bâtiments et les voies, 24 obus de 90 et 16 obus de 155. Les avions-canons qui accompagnaient l'escadre bombardent un train qui doit s'arrêter entre deux gares et obligent un albatros à atterrir.

16 juillet. — Une escadrille de dix avions lance 46 obus de 75 et 6 bombes à grosse capacité sur la gare militaire de Chauny, où sont concentrés d'importants dépôts de matériel ; deux foyers d'incendie ont été constatés ; une péniche a fait explosion sur le canal de l'Oise.

18 juillet. — Un hydravion autrichien, qui venait de jeter des bombes sur Bari, est abattu par les canons italiens. L'équipage est prisonnier.

19 juillet. — Quatre de nos avions jettent 48 obus sur la gare de bifurcation de Challerange, au sud de Vouziers.

Une escadrille de six avions bombarde la gare de Colmar ; 8 obus de 150 et 8 de 90 sont lancés sur les bâtiments, les voies et les trains. (Des dégâts ont pu être constatés à la grande gare et à la gare des marchandises. Aucun obus n'est tombé sur la ville. Nos appareils sont rentrés indemnes.)

20 juillet. — Un de nos avions prend en chasse un aviatik et l'abat à coups de mitrailleuse. (L'appareil est tombé en feu dans les lignes allemandes, près de Soissons ; notre artillerie a achevé sa destruction.)

Trente et un avions bombardent la gare de Conflans-en-Jarnisy, bifurcation importante (3 obus de 155 et 4 obus de 90 ont été observés bien placés sur la gare ; le dépôt de locomotives a été atteint par un obus de 155); trois aviatiks sont mis en fuite par les avions de chasse qui accompagnaient l'escadre; un aviatik est obligé d'atterrir rapidement.

Deux avions bombardent de nouveau la gare de Colmar; 4 obus de 155 et 4 obus de 90 sont tombés sur les voies.

22 juillet. — Nos avions lancent 8 obus de 90 et 4 obus de 120 sur la gare d'Autry, au nord-ouest de Binarville.

23 juillet. — Un de nos groupes d'aviation de bombardement lance 28 obus sur la gare de Conflans-en-Jarnisy, et oblige deux aviatiks à atterrir dans leurs lignes.

25 juillet. — Un avion allemand atterrit près de Béthancourt; les deux aviateurs sont faits prisonniers.

Nos avions lancent des obus de 90 et des fléchettes sur la gare militaire de Nantillois, au nord de Montfaucon.

Nos avions bombardent avec succès, aux Dardanelles, le nouveau camp d'aviation de l'ennemi, au nord de Chanak. Ils atteignent les hangars et un dépôt d'essence, déterminant ainsi un incendie considérable.

29 juillet. — Nos avions bombardent : 1° la voie ferrée Ypres—Roulers, à la hauteur de Passchendaele; 2° les bivouacs allemands de la région de Longueval, à l'ouest de Combles; 3° les organisations allemandes de la colline de Brimont, près de Reims; 4° la gare militaire de Châtel-en-Argonne; 5° la gare de Burthecourt, en Lorraine.

Un de nos avions bombarde de nuit une usine qui fabrique des gaz asphyxiants à Dornach (Alsace).

Un avion allemand est abattu par l'artillerie anglaise à Zillebeke.

30 juillet. — Une escadrille bombarde la gare de Fribourg; une autre escadrille de dix avions, du camp retranché de Paris, lance 44 obus sur la gare de Chauny.

Une escadre de quarante-cinq avions part bombarder les usines pétrolières de Pechelbronn, entre Haguenau et Wissembourg. Un ciel nuageux et de fréquents brouillards n'ont permis qu'à une partie des avions d'atteindre le but. Les usines de Pechelbronn et leurs annexes ont reçu 103 obus.

Six obus sont en outre lancés sur la gare de Dettwiller, près de Saverne, et 6 sur les hangars d'aviation de Phalsbourg.

Tous les avions ont rejoint leur terrain de départ.

Biplan Albatros, abattu le 31 juillet 1915, à Abaucourt (Meurthe-et-Moselle), par un de nos aviateurs. L'avion allemand a été exposé sur la place Stanislas, à Nancy, ville qu'il avait tenté de bombarder quelques instants avant d'être abattu.

31 juillet. — Un avion allemand qui venait de survoler Nancy, est attaqué, à son retour, par un de nos aviateurs, et contraint d'atterrir à 500 mètres des lignes allemandes. Les aviateurs allemands qui le montaient, quoique blessés, réussissent à s'échapper.

Sept de nos avions bombardent la gare et les usines « Aviatik » à Fribourg-en-Brisgau ; l'un d'eux doit atterrir, au retour, dans les lignes ennemies, à la suite d'une panne de moteur.

Nos avions jettent 30 obus sur le camp d'aviation de

Dalheim, près de Morhange, et 6 obus sur un train militaire près de Château-Salins.

———

AOUT 1915

3 août. — Des hydravions russes attaquent près de Windau un aviso allemand et l'obligent à s'échouer à la côte. Les mêmes hydravions attaquent et mettent en fuite un zeppelin et deux hydravions allemands, dont un est abattu.

9 août. — Une escadre de trente-deux avions de bombardement, escortée par des avions de chasse, va bombarder la gare et les usines de Sarrebrück. Les circonstances atmosphériques étaient défavorables, les vallées couvertes de brume et le ciel nuageux ; cependant, malgré les difficultés de direction, vingt-huit avions ont atteint le but, lançant sur les objectifs 164 obus de tous les calibres. Les avions d'escorte ont écarté les « aviatiks » qui ont essayé de barrer la route à l'escadre. De nombreuses fumées et des incendies ont été observés au-dessus des points visés.

10 août. — Un zeppelin de grandes dimensions est sérieusement endommagé par le feu des défenses de terre. Dans la matinée, il a été remorqué vers Ostende. Depuis ce moment, il fut l'objet d'attaques continuelles par des avions venus de Dunkerque, qui ont dirigé sur lui un feu violent. Les hydravions français ont lancé efficacement 12 bombes incendiaires de 120 et 6 de 90 sur le zeppelin, qui est rentré désemparé à Ostende.

11 août. — Les mêmes hydravions jettent 49 bombes sur Ostende.

15 août. — Un groupement de dix-neuf avions bombarde les parcs et dépôts allemands de la vallée de Spada ; 108 obus sont lancés sur les objectifs ; tous nos avions sont rentrés sans incident.

18 août. — L'artillerie anglaise abat un avion allemand.

20 août. — Une escadrille bombarde avec succès le point de débarquement d'Acbashiliman, sur la côte d'Europe, au nord de Nagara, malgré le tir violent de nombreuses batteries turques.

21 août. — Un avion allemand est abattu près d'Ypres.
Un de nos avions coule au mouillage un grand transport turc, aux Dardanelles.

22 août. — Nos avions bombardent les gares de Lens, d'Hénin-Liétard, de Loos et la voie ferrée de Lille à Douai.
Des aviateurs italiens bombardent le centre d'aviation autrichien d'Aisovizza, et jettent en tout 60 bombes, causant des dégâts très importants.

23 août. — Nos avions bombardent les gares de Tergnier et de Noyon. (Les avions ont lancé plus de 80 projectiles ; plusieurs foyers d'incendie ont été aperçus dans la gare de Tergnier ; tous les appareils sont rentrés.)

24 août. — Un de nos avions bombarde, de nuit, la gare de Lörrach, dans le grand-duché de Bade, ainsi que la gare d'Offenbourg.

25 août. — Une escadre de quatre groupes, comprenant soixante-deux avions, survole les hauts fourneaux de Dillingen (fabrique d'obus et de plaques de blindage au nord de Sarrelouis) sur lesquels sont jetés, avec précision, plus de 150 obus, dont une trentaine de gros calibre.
La précision avec laquelle opérèrent nos habiles aviateurs a été telle qu'en outre de dégâts matériels considérables occasionnés aux usines, le personnel, entièrement militaire, a compté, d'après les Allemands eux-mêmes, 420 morts.
Voilà, au moins, de la besogne utile : il ne s'agit là ni de femmes, ni d'enfants, ni de simples civils.
Nos avions bombardent, en Woëvre, les cantonnements allemands de Pannes et Saint-Baussant, où ils provoquent un incendie.

Les gares et les bivouacs allemands de Grandpré, Châtel, Cornay et Fléville en Argonne, la gare de Tergnier, le parc d'aviation de Vitry-en-Artois et la gare de Boisleux sont également bombardés par nos appareils.

Une opération de bombardement, faite de concert entre les avions des armées française, britannique et belge, et des marines française et britannique (au total de 60 avions), est dirigée contre la forêt d'Houthulst où sont allumés plusieurs foyers d'incendie. Tous les appareils sont rentrés.

Dans la nuit du 25 au 26, une de nos escadrilles lance sur la gare de Noyon 127 obus.

26 août. — Nos avions bombardent, en Woëvre, Saint-Baussant et Essey ; en Argonne, les gares d'Ivoiry et de Cierges sont également bombardées par nos appareils à la suite d'une tentative des avions allemands sur Clermont-en-Argonne, où les bombes lancées par les aviatiks n'avaient causé ni pertes ni dégâts.

Pendant la nuit, un de nos avions lance une dizaine d'obus sur l'usine de gaz suffocants de Dornach.

Deux avions russes survolent Constantinople et bombardent Tophané et différents quartiers de la rive asiatique.

27 août. — Une escadrille bombarde la gare et le transformateur de Müllheim, dans le grand-duché de Bade.

Tous les avions sont rentrés indemnes.

Nos avions bombardent de nuit la gare de Châtel-en-Argonne.

28 août. — Un avion allemand qui tentait de survoler Paris est abattu, au nord de Senlis, par le commandant d'une de nos escadrilles. L'avion et le pilote ont été trouvés carbonisés.

Nos avions bombardent la gare et les baraquements ennemis de Grandpré, ainsi que les baraquements de Montcheutin et Lançon, en Argonne.

Des explorations aériennes ayant appris que l'ennemi se hâtait déjà de réparer les dommages causés par les avions italiens, le 22 août, sur le camp d'aviation d'Aisovizza (Autriche), ce dernier est de nouveau bombardé et 120 bombes sont lancées, qui atteignent deux hangars, dévastent le camp et provoquent plusieurs incendies. Les avions italiens, fortement canonnés, rentrent indemnes.

29 août. — Des aviateurs italiens bombardent la station de chemin de fer de Vogerko, d'importants campements ennemis près de Kostanjewica et un dépôt de munitions à Casana. Les aviateurs rentrent indemnes après avoir essuyé un violent bombardement.

Nos aviateurs bombardent les installations allemandes d'Ostende, les cantonnements de Middelkerke et la gare de Thourout.

31 août. — Au cours d'un combat livré au-dessus de Petit-Croix, le sous-lieutenant Pégoud, qui était seul à bord, après avoir courageusement tiré sur un avion allemand plusieurs bandes de mitrailleuse, est atteint par une balle et tué sur le coup. L'appareil tombe dans nos lignes.

SEPTEMBRE 1915

2 septembre. — Un avion italien bombarde efficacement des campements ennemis le long de la route Costagnievizza-Voicizza.

5 septembre. — Nos avions bombardent les casernes de Dieuze et de Morhange.

6 septembre. — Par mesure de représailles au bombardement de Lunéville par des avions allemands, quarante de nos avions bombardent la gare, les usines et établissements militaires de Sarrebrück, causant des dégâts considérables.

Un avion allemand est contraint d'atterrir près de Calais. Ses deux passagers sont faits prisonniers.

7 septembre. — Nos avions bombardent la gare et les établissements militaires de Fribourg-en-Brisgau. (Un foyer d'incendie y a été constaté.) Nos avions bombardent également les gares de Sarrebourg, Pont-Faverger, Warmeriville, Tergnier et Lens.

8 septembre. — Coopérant avec l'aviation navale britannique, nos appareils bombardent les hangars d'aviation d'Ostende.

Nos escadrilles jettent 60 obus sur le champ d'aviation de Saint-Médard, sur la gare de Dieuze, sur les établissements militaires de Frescaty et sur la gare de Metz.

Un avion italien bombarde la station de chemin de fer de Chesa, à l'est de Santa-Lucia, l'atteignant à plusieurs reprises, et endommage en outre le pont voisin sur le Baca.

9 septembre. — Une cinquantaine d'obus sont lancés par nos avions sur la gare de Challerange.

10 septembre. — Nos avions bombardent les mines et les batteries du bois de Nonnenbrück ainsi que la gare de Lutterbach. Ils lancent également une trentaine d'obus sur la gare de Grandpré.

12 septembre. — Nos avions bombardent avec de gros obus les hangars d'aviation allemands de La Brayelle.

Des hydravions russes jettent des bombes sur les navires allemands ancrés dans le port de Windau.

L'artillerie russe abat un avion allemand qui bombardait un train sanitaire.

Des avions italiens bombardent des campements près d'Oppachiasella.

13 septembre. — Une escadrille de dix-neuf avions lance une centaine d'obus sur la ville de Trèves, atteignant surtout la banque d'Empire et la gare. La même escadrille, après avoir atterri dans nos lignes, lance, l'après-midi, 58 obus sur la gare de Dommary-Baroncourt.

D'autres avions bombardent les gares de Donaueschingen

(sur le Danube) et de Marbach, dans une région où des mouvements de troupes étaient signalés.

Un aviateur et son mécanicien s'apprêtant à aller bombarder les lignes ennemies. Le pilote, à gauche, tient une bombe.

14 septembre. — Nos avions bombardent la gare de bifurcation de Bensdorf, près de Morhange, et les cantonnements ennemis de Châtel-en-Argonne et de Langemarck (nord d'Ypres).

21 septembre. — Un groupe de dix-neuf avions bombarde à nouveau la gare de bifurcation de Bensdorf, à l'est de Morhange. Une centaine d'obus sont lancés sur les bâtiments et les trains en stationnement, qui ont été très sérieusement atteints.

22 septembre. — En représailles des bombardements dirigés par les Allemands sur les villes ouvertes et les populations civiles de France et d'Angleterre, un groupe d'avions bombarde Stuttgart, capitale du Wurtemberg (¹).

Une trentaine d'obus sont lancés sur le palais royal et sur la gare.

Nos avions, canonnés sur différents points de leur long parcours, sont rentrés indemnes à leur port d'attache.

Le *Daily Mail* a publié les renseignements suivants concernant ce raid :

Au cours du raid aérien des Français sur Stuttgart, l'aile droite du palais royal a été sérieusement endommagée. Une bombe a éclaté dans un salon. On sait que plusieurs membres de la famille royale étaient en résidence au palais.

Les bombes ont atteint également deux casernes, où elles ont causé des dégâts considérables, tuant ou blessant de nombreuses personnes.

Nos avions contraignent à descendre rapidement plusieurs ballons captifs ennemis.

Des groupes d'avions bombardent les gares d'Offenbourg, Conflans et Vouziers, ainsi que les cantonnements ennemis de Langemarck et de Middelkerke.

23 septembre. — Nos avions bombardent les cantonnements ennemis de Middelkerke et un train entre Bruges et Thourout.

---

(1) Stuttgart, capitale du Wurtemberg, est aussi le chef-lieu du cercle du Neckar. C'est une ville de près de 180.000 habitants, située dans une belle et fertile vallée (bassin du Rhin, par le Neckar). Son industrie est prospère. On y fabrique notamment des produits chimiques, des papiers peints, des instruments de musique, et ses imprimeries l'ont rendue particulièrement célèbre.

Un groupe de huit avions bombarde efficacement la gare de Conflans, sur la ligne de Verdun à Metz.

24 septembre. — Une de nos escadrilles jette sur la gare des Sablons, à Metz, une quarantaine d'obus.

26 septembre. — Nos avions bombardent et font dérailler un train près de Loffre à l'est de Douai, d'autres à Rosult, près de Saint-Amand. La gare de Valenciennes est aussi bombardée.

Malgré les conditions atmosphériques les plus défavorables, nos escadrilles bombardent les lignes de communication en arrière du front allemand. Des obus sont lancés sur les gares de la vallée de la Suippe : Bazancourt, Warmeriville, Pont-Faverger, Saint-Hilaire-le-Petit, ainsi que sur une colonne en marche près de Sommepy.

Un aviateur italien bombarde Carso, siège, semble-t-il, du haut commandement autrichien.

Un groupe d'avions lance 72 bombes sur la gare de Guignicourt. Le bombardement a paru très efficace. Les avions, violemment canonnés, sont rentrés saufs à leur port d'attache.

———

OCTOBRE 1915

2 octobre. — Nos escadrilles lancent un très grand nombre de projectiles sur les gares et voies ferrées en arrière du front ennemi, notamment sur la bifurcation de Guignicourt à Amifontaine.

Nos avions-canons effectuent de nuit un bombardement des lignes allemandes.

Une escadre de soixante-cinq avions bombarde la gare de Vouziers, le terrain d'aviation près de la ville et la gare de Challerange. Plus de 300 obus ont été lancés sur les objectifs qui ont été atteints.

Un autre bombardement coupe en deux un train en marche près de la gare de Laon.

3 octobre. — Un groupe de nos avions bombarde la gare, le pont du chemin de fer et les bâtiments militaires de Luxembourg.

4 octobre. — Une de nos escadrilles lance sur la gare des Sablons, à Metz, une quarantaine d'obus de gros calibre.

D'autres avions poursuivent le bombardement des lignes, bifurcations et gares en arrière du front allemand.

5 octobre. — Un avion ennemi est abattu dans nos lignes ; les deux officiers qui le montaient sont faits prisonniers.

Une de nos escadrilles lance une cinquantaine d'obus sur la gare de Biaches, près de Péronne.

7 octobre. — Un de nos avions mitraille, en Champagne, un ballon captif allemand qui tombe en flammes dans les lignes ennemies.

9 octobre. — Des aéroplanes russes bombardent la gare de Czernovitz et lancent des bombes sur des trains de munitions ; des flammes ont été aperçues. Un avion ennemi, parti à leur poursuite, est abattu par le tir des avions.

10 octobre. — Un avion allemand, abattu par un des nôtres, tombe dans nos lignes, en forêt de Puvenelle, au sud de Pont-à-Mousson. Les deux aviateurs qui le montaient sont tués.

Une de nos escadrilles lance une centaine de gros obus sur les gares de l'arrière-front de Champagne et sur les troupes ennemies qui s'y montraient rassemblées.

11 octobre. — Onze combats aériens ont eu lieu sur le front anglais, et neuf fois se sont terminés à l'avantage des aviateurs alliés. Un avion ennemi est abattu dans les lignes allemandes et presque certainement détruit.

12 octobre. — Un avion allemand est abattu sur le front anglais.

Des aviateurs russes bombardent les lignes ennemies, sur le front des lacs Medoum, Dryswjaty et jettent 5o bombes.

13 octobre. — Une escadrille de dix-neuf avions lance 140 obus sur la gare de Bazancourt, où des mouvements ennemis étaient signalés.

Une autre escadrille de dix-sept avions bombarde la bifurcation d'Achiet-le-Grand, près de Bapaume.

D'autres appareils bombardent la voie ferrée avec des bombes, près de Warmeriville.

L'artillerie russe abat un hydravion allemand dans la région de Riga.

14 octobre. — Une escadrille de vingt avions bombarde la gare de Bazancourt, sur l'arrière-front de Champagne.

Un de nos avions abat un ballon captif qui s'effondre au sud de Monthois.

Un avion ennemi est abattu par un des nôtres au nord de l'Aisne et tombe dans les lignes allemandes au nord de Bucy-le-Long.

15 octobre. — Nos avions bombardent, dans la nuit du 15 au 16, les centres de ravitaillement allemands de Maizières, d'Azoudange et la gare d'Avricourt.

16 octobre. — Un groupe d'avions bombarde la gare des Sablons à Metz ; de nombreux éclatements ont été observés sur la gare même et sur un train en marche qui a dû s'arrêter ; un poste d'aiguillage a sauté.

Des avions russes lancent de nombreuses bombes sur les trains et les services d'arrière de l'ennemi.

17 octobre. — Les Allemands ayant encore récemment effectué des bombardements aériens sur des villes anglaises, et un de leurs aéroplanes ayant lancé, vendredi, 2 bombes sur Nancy, un groupe des nôtres bombarde la ville de Trèves, sur laquelle 3o obus sont lancés.

Un groupe de nos avions bombarde, dans la nuit du 17 au 18, le terrain d'aviation allemand de Burlioncourt, au nord-est de Château-Salins ; des hangars et abris ont été visiblement démolis.

18 octobre. — Des avions russes Ilia-Mourametz jettent à Mitau, Garrosen, Gorss-Eckau et Neugut une cinquantaine de bombes sur les établissements d'arrière allemands.

19 octobre. — Une escadrille italienne bombarde le champ d'aviation autrichien d'Aisovizza. Le résultat a été très satisfaisant et tous les appareils sont rentrés indemnes.

20 octobre. — Des avions russes Ilia-Mourametz bombardent avec succès la gare et le matériel roulant de Friedrichshof, au sud-ouest de Mitau.

Des escadrilles italiennes bombardent à nouveau, dans des conditions atmosphériques très défavorables, le champ d'aviation d'Aisovizza, des colonnes ennemies près de Berhula et Temnico, des emplacements d'artillerie dans la zone de Doberdo, la station de Duino et le viaduc au nord de cette localité.

21 octobre. — Des avions russes bombardent avec succès les voies ferrées aux environs de Mitau. L'artillerie russe abat un avion allemand, dans la région d'Olai.

22 octobre. — Un groupe de nos avions bombarde le parc d'aviation allemand de Cunel, entre Argonne et Meuse.

Quatre aviateurs anglais livrent des engagements aériens et contraignent les appareils ennemis à la fuite et à l'atterrissage.

L'un des aéroplanes allemands tombe à pic d'une hauteur de 2.000 mètres, dans un bois situé un peu en arrière des lignes ennemies.

25 octobre. — Des avions italiens bombardent efficacement des cantonnements ennemis sur les hauts plateaux de Bainsizza et du Carso. Un aviatik, qui tentait de barrer la route aux avions, est mis en fuite.

26 octobre. — Un de nos pilotes, sur avion monoplace, aperçoit, en chasse, au nord de Dormans, un avion ennemi qu'il attaque à courte distance. L'avion allemand ayant eu son moteur atteint en plusieurs endroits par des balles de mitrailleuses, doit atterrir près de Jaulgonne, dans la vallée de la Marne.

(Les deux officiers qui le montaient, un capitaine et un lieutenant, ont été faits prisonniers au moment où ils essayaient de détruire leur appareil. Celui-ci est resté intact entre nos mains ; c'est un biplace très rapide, muni des tout derniers perfectionnements.)

27 octobre. — Nos aviateurs abattent deux aéroplanes allemands ; l'un tombe dans nos lignes et l'autre près des tranchées, derrière le front ennemi.

28 octobre. — Des hydravions russes bombardent le port bulgare de Varna. Des avions italiens bombardent le chemin de fer du col Baca (Idria) et celui de Gorizia à Trieste ; des campements ennemis et des colonnes en marche ont été atteints.

30 octobre. — L'artillerie russe abat un avion allemand au sud de Baranovitschi, région de Gorodichte. L'aviateur et l'observateur sont faits prisonniers.

31 octobre. — Un avion russe, du type I.-M., jette des bombes sur la gare de Tauerkaln, sud-ouest de Friedrichstadt. D'autres appareils jettent des bombes sur des convois de troupes ennemies, dans la région de Mitau et de Schoenberg, sud-ouest de Tauerkaln.

NOVEMBRE 1915

4 novembre. — En Alsace, une de nos escadrilles survole Dornach et bombarde les usines employées par les Allemands pour la fabrication des gaz suffocants.

7 novembre. — Cinq combats aériens entre aéroplanes anglais et allemands; un avion ennemi est abattu dans les lignes anglaises.

Des aviateurs anglais bombardent avec succès quelques baraquements ennemis.

Le même jour, un combat aérien prolongé se termine par la chute d'un avion ennemi, qui tombe dans les lignes allemandes, d'une hauteur de 2.000 mètres.

Au cours d'un autre combat aérien, un avion anglais est détruit.

9 novembre. — Des avions italiens bombardent les stations de chemin de fer de San Daniele et de Nabresina, et d'autres objectifs militaires sur le haut plateau du Carso.

12 novembre. — Des aéroplanes italiens exécutent, malgré de mauvaises conditions atmosphériques, des incursions heureuses sur le Carso, bombardant les gares de Reinenberg. San Daniele, Dattogliano et Skopo, et des trains arrêtés dans ces gares.

Un albatros et un aviatik, rencontrés au retour, sont mis en fuite.

16 novembre. — Un aviateur anglais abat un avion ennemi dans les lignes allemandes. Descendant jusqu'à 200 mètres, il mitraille les aviateurs qui s'enfuient.

18 novembre. — Huit avions ennemis essaient de survoler Lunéville; pris en chasse, cinq d'entre eux font immédiatement demi-tour; les autres lancent sur la ville quelques bombes qui blessent 3 personnes. Les dégâts matériels sont peu importants.

Au cours des nuits des 18 et 19, des aviateurs belges bombardent les cantonnements allemands à Eessen.

20 novembre. — Des avions russes jettent des bombes sur des troupes turques cantonnées dans la région de Köprikoi et Khorassan.

21 novembre. — En réponse au bombardement de Furnes,

des aviateurs belges bombardent les cantonnements ennemis de Eessen.

Une escadrille italienne jette 100 obus sur le champ d'aviation autrichien d'Aisovizza. Tous les appareils, fortement canonnés, rentrent indemnes.

22 novembre. — Nos avions, sur divers points du front, engagent des combats qui se terminent à notre avantage.

En Belgique, deux appareils allemands sont contraints par les nôtres à atterrir.

Dans la région de Reims, deux aviatiks, pris en chasse, font demi-tour.

En Champagne et aux lisières de l'Argonne, cinq combats aériens sont livrés, à la suite desquels trois aviatiks doivent atterrir précipitamment dans leurs lignes. Un autre appareil tombe désemparé ; le dernier est descendu en flammes sur le sol.

23 novembre. — Nos avions bombardent la voie ferrée Constantinople—Dédéagatch et endommagent ses ouvrages d'art.

24 novembre. — Une escadrille italienne bombarde à nouveau le champ d'aviation d'Aisovizza, ainsi qu'un autre, en préparation, à Aidussina, et les stations de Voghersca, d'Aidussina, de Reifenberg et de San Daniele. Tous les appareils rentrent indemnes.

25 novembre. Armée d'Orient. — Nos avions lancent 50 obus sur des campements bulgares près de Stroumitza-Village et bombardent Istip.

27 novembre. — Nos avions lancent 9 obus de 90 sur la gare de Noyon et forcent deux ballons captifs à descendre.

28 novembre. — Au nord de Thézey-Saint-Martin, région de Pont-à-Mousson, un de nos avions de chasse descend un avion allemand, qui tombe dans les lignes ennemies.

En Belgique, un de nos avions, lancé à la poursuite d'une escadrille, réussit à abattre un avion allemand, qui tombe à la mer au large de Westende-Bains. (Un torpilleur et des canots allemands sortirent d'Ostende et de Middelkerke pour procéder à son sauvetage. Les hydravions alliés et notre artillerie ayant attaqué les canots, parvinrent à en couler un.)

Une escadrille de dix avions bombarde les hangars d'Habsheim, à l'est de Mulhouse ; 8 obus de 155 et 20 obus de 90 ont été lancés sur les hangars, qui ont pris feu. Un aviatik qui se trouvait sur le terrain a été endommagé par nos projectiles. L'ennemi a vainement tenté d'engager la poursuite. Un aviatik atteint par plusieurs balles de mitrailleuses a dû atterrir, un autre a capoté près de Lutterbach.

Dans la région de Nancy, un avion allemand est attaqué par un de nos avions de chasse. L'appareil français s'approchant tout contre l'adversaire a réussi à l'abattre ; un autre avion allemand, qui assistait au combat, fait demi-tour.

Quatre avions allemands survolent Verdun et jettent quelques bombes sans occasionner de dégâts matériels. En représailles, cinq de nos avions lancent une vingtaine d'obus sur la gare de Brieulles, au sud de Stenay. La voie ferrée a été coupée et un train en marche vers le nord a dû rebrousser chemin précipitamment.

Un avion français jette 6 obus de 90 sur des baraquements voisins de la gare de Lens, qui sont gravement endommagés.

Sur le front anglais, quinze rencontres aériennes. Près de Soquedin, un avion allemand est abattu. Quatorze avions anglais bombardent l'aérodrome allemand de Gits et la fabrique de munitions de la Chapelotte. Les dégâts causés sont considérables. Tous les appareils rentrent indemnes.

Un hydravion anglais, piloté par le sous-lieutenant de marine Viney et ayant comme passager le lieutenant français Sincay, détruit, au large de Middelkerke, un sous-marin allemand.

Le lieutenant de marine britannique Ferrand, en hydravion avec son mécanicien, abat un hydravion allemand Albatros, au large d'Ostende.

29 novembre. — Un de nos avions est contraint d'atterrir près de Dompcevrin, sur la rive gauche de la Meuse, devant les positions de l'ennemi. Malgré un feu violent d'artillerie allemande, l'appareil n'a été que peu endommagé. Les aviateurs sont sains et saufs.

30 novembre. — Un de nos avions attaque, dans les lignes ennemies, deux appareils allemands; l'un d'eux est forcé d'atterrir, l'autre s'enfuit et est poursuivi jusqu'à Douai.

Deux aéroplanes ennemis sont descendus par des aviateurs anglais; l'un tombe à l'est de Hooge, l'autre à Hénin-Liétard.

Le même jour, vingt aéroplanes anglais lancent des bombes sur un important dépôt de munitions allemand, à Miraumont, endommageant fortement les magasins à munitions, les bâtiments et la voie ferrée.

———

DÉCEMBRE 1915

4 décembre. — Nos avions lancent de nombreuses bombes sur des campements turcs, aux Dardanelles.

8 décembre. — Seize aéroplanes anglais bombardent un dépôt d'approvisionnement à Miraumont et un aérodrome à Hervilly. (Cette attaque a eu lieu pendant un vent d'ouest violent qui rendait le vol difficile; toutes les machines sont rentrées saines et sauves, et on croit que les deux objectifs ont subi des dégâts considérables.)

9 décembre. — Un de nos avions, prenant en chasse à 3.000 mètres d'altitude un appareil allemand rapide, l'attaque à coups de mitrailleuse à une distance de 20 mètres; l'avion ennemi prend feu aussitôt et explose; les deux passagers tombent dans notre ligne vers Tilloloy.

13 décembre. — Un cargo-boat britannique s'étant échoué près de la côte belge, trois hydravions allemands tentent de le couler à coups de bombes. Plusieurs avions alliés, dont un des nôtres, les attaquent et les mettent en fuite, pendant que des torpilleurs français, venus de Dunkerque, renflouent le navire sous le feu d'une batterie allemande.

14 décembre. — Une de nos escadrilles, composée de onze avions, lance de nombreux obus de 155 et de 90 sur la gare et les bifurcations de Mulheim.

Un autre groupe de vingt-deux appareils français jette également avec succès des obus sur des installations de l'ennemi à Hauriaucourt.

Enfin, un troisième groupe de douze appareils bombarde efficacement les ouvrages allemands au sud de Hampont, dans la région de Château-Salins, et au château de Burthe-court.

Nos avions d'escorte attaquent et mettent en fuite une escadrille de cinq avions ennemis.

En vue de La Panne, un avion allemand est descendu par un appareil ami. Il tombe en mer entouré de flammes.

Nos avions exécutent de nombreux vols de chasse. Un de nos avions attaque et met en fuite un appareil ennemi, au-dessus de Schlestadt (Alsace). Deux autres livrent combat en Artois, dans les lignes ennemies, contre trois albatros ; l'un de ces derniers est contraint d'atterrir.

Enfin, une de nos escadrilles, en collaboration avec des avions britanniques, bombarde le terrain d'aviation des Allemands à Hervilly (Somme).

Une escadrille d'avions italiens exécute une incursion sur la vallée de Chiapovano (Idria), lançant des bombes et des fléchettes sur les campements et baraquements autrichiens de Chiapovano et de Slap. Les courageux aviateurs s'abaissent ensuite sous le feu des batteries anti-aériennes et bombardent les campements ennemis. Tous les appareils sont rentrés indemnes.

15 décembre. — Un groupe de treize avions français bombarde le camp d'aviation des Allemands, à Habsheim, à l'est de Mulhouse. Des obus de 155, de 90 et de 120, lancés sur les hangars, atteignent leur but.

(Des quinze appareils ennemis qui se trouvaient sur le terrain au moment du bombardement, cinq seulement ont pris l'air et ont tenté, sans aucun résultat, de donner la chasse à nos escadrilles.)

Un avion anglais prend en chasse, au large de la côte belge, un hydravion allemand, qui est abattu et fait explosion. Les aviateurs n'ont pas été retrouvés.

Nos aéroplanes bombardent efficacement l'aérodrome

Ce taube, atteint par l'artillerie russe, est tombé dans les marais. Les passagers, qui n'étaient que blessés, ont été trouvés morts de froid.

d'Herbilly; un hydravion ennemi est abattu par un de nos avions de chasse.

Un de nos avions est forcé d'atterrir à l'intérieur de nos lignes.

Au cours d'un combat aérien, un avion allemand est abattu sur le front anglais.

16 décembre. — Deux de nos avions de bombardement lancent une vingtaine d'obus de gros calibre sur la gare de Metz-Sablons, dans la nuit du 16 au 17.

17 décembre. — Deux hydravions allemands de la station de Zeebrugge, volant en mer, à une faible hauteur, sont

aperçus et canonnés par un torpilleur, à 10 milles au nord-
ouest de Nieuport ; un des appareils tombe à l'eau. Les deux
officiers qui le montaient ont été recueillis et faits prisonniers.

Dans la nuit du 17 au 18, une escadrille de quatre avions
exécute une nouvelle opération de bombardement sur la gare
de Metz-Sablons. Une quarantaine d'obus sont lancés sur les
bâtiments et les dépendances de la gare.

18 décembre. — Dans la nuit du 18 au 19 décembre, une
de nos escadrilles, composée de sept avions de bombardement,
lance sur la gare de Metz-Sablons 51 obus de 90 et 2 obus
de 155. (Un de nos appareils, arrêté par une panne de
moteur, a pu atterrir sans incident dans nos lignes, près de
Dieulouard, au sud de Pont-à-Mousson.)

20 décembre. — Dans la matinée, quatre de nos avions de
bombardement, escortés de sept appareils mitrailleurs, lancent
sur la gare aux marchandises de Mulhouse 6 obus de 155
et 20 obus de 90. Ils sont tombés au but.

Dans la vallée de Giudicaria, l'artillerie et les aviateurs
italiens, combinant leur action, bombardent efficacement le
fort de Por, du groupe de Lardaro.

Un avion allemand est abattu, à l'est d'Armentières, par
l'artillerie anglaise.

21 décembre. — Sur le front anglais, quarante-quatre
combats aériens. Deux avions allemands sont abattus.

Des aviateurs russes bombardent avec succès les derrières
de l'ennemi dans la région de Goduzischki et Komai, à l'est
de Swenzjany, provoquant une panique parmi les convois.

Sur le front italien, renouvellement du bombardement du
fort de Por. Deux avions autrichiens sont mis en fuite. Un
autre avion, pris sous le feu de l'artillerie italienne, est abattu
sur le plateau d'Asiago.

22 décembre. — Des aviateurs russes bombardent avec
succès des trains ennemis en route vers Swenzjany.

28 décembre. — Un avion ennemi, qui tentait de survoler nos lignes, est mis en fuite par les avions alliés.

Un hydravion autrichien est détruit, lors de l'attaque de Durazzo, par un croiseur italien.

29 décembre. — Nos avions bombardent les parcs et les campements bulgares de Petric, à l'est du lac de Doiran.

30 décembre. — La station de Commines, les voies ferrées et les hangars voisins sont bombardés par seize aéroplanes britanniques. Dix autres attaquent l'aérodrome d'Hervilly et y causent des dégâts considérables.

Les ving-six aéroplanes sont rentrés indemnes.

Sur le front anglais, douze combats entre aéroplanes. Un avion britannique attaque quatre avions allemands, en endommageant un et en abattant probablement un autre.

Un appareil anglais est abattu au cours d'un autre combat avec deux avions allemands.

L'AVIATION FRANÇAISE EN ORIENT

Les premiers éléments d'aviation ont débarqué à Salonique le 19 octobre. On imagine aisément les difficultés qu'il fallut vaincre pour installer le parc et les différentes escadrilles. La Grèce étant mobilisée avait naturellement réquisitionné pour son usage tous les endroits propices.

Près de la mer, on finit par trouver un terrain, on le nivela, on y posa un petit chemin de fer Decauville et on y éleva des hangars.

La première escadrille était prête en moins d'une semaine et, le 31 octobre, elle entreprenait ses premières reconnaissances dans la région de Guevgeli.

Successivement et dans les délais les plus rapprochés, les autres escadrilles arrivèrent, mettant à la disposition du général commandant l'armée d'Orient la force qu'il avait demandée.

L'aviation est particulièrement difficile en Macédoine, les champs d'atterrissage sont à peu près inexistants, le terrain est très montagneux et les pilotes ont couramment à franchir des crêtes de 1.600 à 1.800 mètres, abruptes et sur lesquelles une panne ne pardonnerait pas. Au passage de ces crêtes, ils sont fusillés à faible hauteur par la couverture bulgare ou par les comitadjis. Ils doivent également survoler des vallées encaissées au-dessus desquelles les remous sont très brusques et très violents. De plus, le froid est très vif, il atteint fréquemment 20°. Enfin l'absence des routes rend le ravitaillement malaisé.

Néanmoins, les aviateurs ont poussé des reconnaissances jusqu'à 120 kilomètres à l'intérieur des lignes bulgares. Dans le seul mois de novembre, ils n'en ont pas fait moins de cinquante-quatre. Ils ont recueilli de précieuses observations et de nombreuses photographies, qui ont été particulièrement utiles dans le mouvement stratégique de repli que le général Sarrail vient de faire accomplir à son armée.

Soit isolément, soit par escadrilles, ils ont bombardé des campements et des cantonnements importants, notamment à Uskub, Istip, Kara Hodzali, Stroumitza et Petric.

Ces bombardements ont produit de gros effets, notamment celui du 24 novembre sur Stroumitza. Des renseignements provenant de prisonniers bulgares et communiqués par l'État-major anglais établissent que cet exploit a causé un véritable affolement.

Nos avions-canons ont fait également de très heureux bombardements contre les camps ennemis de la vallée de la Stroumitza.

En même temps qu'ils recueillent en aéroplane d'innombrables documents photographiques de la plus haute importance militaire, nos aviateurs s'occupent d'établir, au point de vue planimétrique et d'une façon précise et détaillée, la carte de la région, car il n'existe actuellement qu'une mauvaise carte autrichienne au 1/200.000ᵉ.

Grâce à la télégraphie sans fil, les observateurs ont pu faire également d'utiles réglages d'artillerie.

Pour aider nos aviateurs, un service aérologique très complet et très perfectionné a été organisé. Dans cette région montagneuse et difficile, il fournit des renseignements précieux. C'est ainsi qu'il publie chaque jour trois bulletins donnant jusqu'à 3.000 mètres la vitesse du vent et la hauteur des nuages.

Enfin, il faut constater l'admiration que les exploits de l'aviation française ont inspirée au peuple et à l'armée grecque. Notre organisation, la perfection de notre matériel, son utilisation pratique, l'héroïsme de nos pilotes et de nos observateurs, servent et développent utilement notre influence.

JANVIER 1916

6 janvier. — Des avions anglais bombardent l'aérodrome de Douai.

ARMÉE D'ORIENT. — *8 janvier*. — Des avions ennemis bombardent les cantonnements des Alliés aux environs de Salonique. Les dégâts matériels sont insignifiants. Un de ces avions est abattu par le tir de notre artillerie.

10 janvier. — Trois avions-canons livrent au-dessus des lignes allemandes, près de Dixmude, une série de combats à des avions de chasse ennemis du type Fokker.

Un de nos avions, attaqué par un fokker, doit atterrir, mais un avion ennemi, assailli à son tour par un des nôtres, qui a tiré sur lui, à 25 mètres de distance, des obus à mitraille, est abattu. Le troisième appareil français a également attaqué un autre fokker, qui est tombé dans la forêt d'Houthulst, sud-est de Dixmude.

11 janvier. — Une escadrille italienne, dans des conditions atmosphériques défavorables et par un vent impétueux, effectue un raid sur Garda, au nord de Trente, et bombarde un champ d'aviation de l'ennemi, ainsi que les gares de Trente et de Rovereto et des baraquements près de Volano. Un avion italien bombarde les baraquements ennemis entre Tione et Bregezzo, dans le val de Giudicaria.

17 janvier. — Seize avions anglais attaquent et endommagent fortement le dépôt d'approvisionnements ennemi de Lesaers (nord-est d'Albert).

Dans la journée, les aviateurs anglais livrent dix-neuf combats aériens; cinq avions ennemis sont contraints d'atterrir; deux avions anglais sont abattus.

L'artillerie anglaise descend un avion allemand, près de Frelinghien.

18 janvier. — Dans la nuit du 18 au 19, deux appareils allemands ayant jeté 4 bombes sur Nancy, une de nos escadrilles prend aussitôt l'air et bombarde les gares de Metz et d'Arnaville. 22 obus sont lancés sur les bâtiments qui subissent des dégâts.

Un aviateur italien bombarde Valona, dans la vallée de Lagarina, siège d'un commandement autrichien.

19 janvier. — Un avion allemand lance sur les faubourgs de Lunéville 3 bombes qui ne causent aucun dégât. Un autre appareil ennemi doit atterrir près de Flin. Les deux officiers qui le montaient sont faits prisonniers près d'Ogéviller (sud-est de Lunéville).

20 janvier. — Seize avions britanniques bombardent un entrepôt d'approvisionnements allemand au Sars, nord-est d'Albert.

Sur le front anglais, dix-neuf combats aériens, dans lesquels cinq appareils ennemis sont abattus et deux appareils anglais tombent chez l'ennemi.

21 janvier. — Dans la région de la gare de Vileika, l'artillerie russe abat un avion allemand. Une escadrille russe bombarde la région sud-est de Brzezany.

23 janvier. — Deux de nos groupes d'avions, au total de

vingt-quatre appareils, bombardent les gares et les casernes de Metz. 130 obus ont été lancés sur les objectifs désignés. Les avions bombardiers étaient escortés par deux escadrilles de protection, dont les pilotes ont livré en cours de route dix combats à des fokkers et à des aviatiks.

Nos appareils, violemment canonnés sur tout leur parcours, sont rentrés indemnes, sauf un seul, qui a été contraint d'atterrir au sud-est de Metz.

ARMÉE D'ORIENT. — Un groupe de trente-deux avions français bombarde les cantonnements ennemis de Guevgeli et de Monastir. Sur ce dernier, plus de 200 bombes sont lancées par nos appareils.

24 janvier. — Au cours de la nuit, nos avions bombardent la ligne Anizy—Laon et les établissements de Nogent-l'Abbesse.

Une de nos escadrilles, composée de sept appareils, lance une vingtaine d'obus sur les cantonnements ennemis d'Houthulst et de Middelkerke (Belgique).

26 janvier. — Les avions anglais engagent des combats contre vingt-sept avions allemands et trois ballons captifs. Deux avions et deux ballons captifs ennemis sont contraints d'atterrir.

ARMÉE D'ORIENT. — *28 janvier.* — Un groupe de quatorze avions français lance de nombreux projectiles sur les cantonnements ennemis de Pazarli, au nord du lac Doiran.

31 janvier. — Un avion ennemi est abattu par un des nôtres entre Topcin et Verria (ouest de Salonique). Les deux aviateurs qui le montaient (un capitaine et un aspirant) sont faits prisonniers.

————

FÉVRIER 1916

1er février. — Dans la région du village de Godutsichki, à l'est de Sventziany, des aviateurs russes canonnent des convois ennemis et un train.

2 février. — Une escadrille russe bombarde Buczacz.

3 février. — Sur le front de la Strypa moyenne, l'artillerie russe abat un avion ennemi, qui tombe dans les lignes de l'adversaire.

5 février. — Le sergent pilote Guynemer livre combat à un avion ennemi dans la région de Frise et l'abat en flammes entre Assevillers et Herbécourt. C'est le cinquième appareil ennemi abattu par le sergent Guynemer.

Un de nos avions-canons attaque, au sud de Péronne, un drachen ennemi, qui tombe en flammes.

6 février. — Des aviateurs russes lancent des bombes sur la ville de Mitau et sur un pont de chemin de fer sur l'Aa.

8 février. — Une escadrille d'hydroplanes russes attaque un grand vapeur mouillé au môle de Songuldak.

9 février. — Dix-huit aéroplanes anglais font un raid heureux sur des baraquements ennemis, à Dornand. Plusieurs cabanes et un camion à vapeur sont atteints.

12 et 13 février. — En représailles des bombardements exécutés par des avions allemands sur des localités habitées par des populations civiles, des aviateurs belges, au cours des deux dernières nuits, attaquent avec succès l'aérodrome de Ghistelles et y provoquent un incendie.

15 février. — Une autre escadrille belge lance avec succès, au cours de la nuit, 16 gros projectiles sur l'aérodrome de Handzaeme.

16 février. — Une escadrille de treize avions français bombarde Stroumitza et les campements bulgares des alentours de la ville, jetant en tout plus de 150 obus. L'escadrille rentre indemne.

17 février. — Un aviateur italien bombarde Nabresina.

19 février. — Des avions russes lancent plusieurs dizaines

de bombes sur la ville de Buczacz. A la suite de la chute
d'une bombe de 1 poud, une grande flamme rougeâtre et une
épaisse fumée ont été aperçues. Le navire aérien russe *Vtoroi*
lance sur la gare de Monasterzyska 10 bombes de 2 pouds,
5 de 5 pouds, et une boîte de fléchettes.

20 février. — Une escadrille de cinq avions français bombarde les dépôts de munitions ennemis du château de Martin-
court et d'Azoudange (sud-ouest et sud-est de Dieuze).

Des aviateurs anglais font un raid nocturne réussi contre
l'aérodrome de Cambrai.

Une attaque sur le dépôt de Don est prononcée par vingt-
six avions anglais. Il y a lieu de croire que des dégâts considérables ont été causés.

21 février. — Journée marquée par de nombreux combats
aériens.

Au-dessus de Tagsdorf, est d'Altkirch, un de nos avions,
attaquant de très près un fokker, ouvre sur lui un feu de
15 cartouches. L'appareil ennemi glisse sur l'aile droite, puis
tombe.

Dans la région d'Épinal, un albatros est abattu par le tir de
notre artillerie.

Dans la région de Bures, nord de la forêt de Parroy, un
appareil allemand, attaqué par deux des nôtres, est abattu
dans nos lignes; le pilote et le passager sont tués.

Une escadrille de sept appareils français livre combat à
quatre avions ennemis dans la région de Vigneulles-lès-Hattonchâtel. Deux de ces derniers sont contraints d'atterrir; les
deux autres prennent la fuite.

Des avions ennemis bombardent Fismes, Bar-le-Duc et
Revigny.

Auprès de ce dernier point, l'escadrille ennemie, composée
de quinze appareils, est assaillie par une de nos escadrilles
de chasse et doit livrer un combat au cours duquel un avion
allemand est abattu près de Givry-en-Argonne. Les deux
aviateurs sont faits prisonniers. Un second avion ennemi,
poursuivi, pique brusquement dans ses lignes.

Un de nos groupes de bombardement, composé de dix-sept

appareils, lance 66 obus de gros calibre sur le champ d'aviation d'Habsheim et sur la gare aux marchandises de Mulhouse.

Un autre groupe de vingt-huit appareils jette de nombreux projectiles sur la fabrique de munitions ennemie de Pagny-sur-Moselle.

A la suite de ces différentes opérations, tous nos appareils sont rentrés à leurs terrains d'atterrissage.

Un zeppelin en marche de Sainte-Menehould vers le sud, est abattu par la section d'autos-canons de Revigny. Traversé par un obus incendiaire, il tombe en flammes aux environs de Brabant-le-Roi. Un autre zeppelin survole Lunéville dans la soirée et jette quelques bombes qui ne causent que des dégâts matériels peu importants. Poursuivi par nos avions, il se dirige vers Metz ([1]).

22 février. — Un avion anglais oblige un hydravion allemand à atterrir, au nord-est de Nieuport.

23 février. — Au cours de la nuit, une de nos escadrilles de bombardement lance 45 projectiles, dont plusieurs de gros calibre, sur la gare de Metz-Sablons et sur l'usine à gaz, dans la région de laquelle est observé aussitôt après un gros incendie.

26 février. — Dans la région de Verdun, l'adjudant Navarre, sur avion monoplace, abat à coups de mitrailleuse deux avions allemands, ce qui porte à cinq le nombre des avions ennemis abattus par ce pilote. Les appareils ennemis tombent dans nos lignes. Deux des aviateurs qui les montaient sont tués, les deux autres sont faits prisonniers.

Dans la même journée, une de nos escadrilles, composée de neuf avions de bombardement, lance 144 obus sur la gare de Metz-Sablons.

Une autre de nos escadrilles bombarde les établissements ennemis de Chambley, nord-ouest de Pont-à-Mousson.

---

(1) Nous ne mentionnons l'exploit de nos artilleurs qu'à titre exceptionnel, car notre liste chronologique ne comprend que les exploits d'*aviateurs*. Il est important de faire remarquer que le zeppelin qui survola Lunéville et avait, quelques minutes avant, essayé de survoler Nancy, fut attaqué par nos avions-canons qui tirèrent sur lui une vingtaine d'obus incendiaires.

31 février. — Un de nos équipages, sur avion bi-moteur, abat un avion ennemi qui tombe à La Bassée, sur les tranchées allemandes, et prend feu en touchant le sol.

MARS 1916

2 mars. — Une de nos escadrilles de bombardement lance de nuit 44 obus de tous calibres sur la gare de Chambley, qui paraît avoir subi d'importants dégâts. Malgré une vive canonnade, nos avions rentrent indemnes dans nos lignes.

Dans la journée, nos avions jettent également 40 obus sur la gare de Bensdorf et 9 projectiles sur les établissements ennemis d'Avricourt.

L'adjudant Navarre abat, dans la région de Douaumont, un sixième avion allemand, du type Albatros, qui tombe dans nos lignes. Les passagers, blessés, sont faits prisonniers.

Un albatros allemand est abattu dans les lignes anglaises. Un autre appareil tombe en flammes dans les lignes ennemies. Un ballon captif allemand, rompant ses amarres, est entraîné au-dessus des lignes anglaises.

3 mars. — En Champagne, un avion allemand, canonné par nos batteries, à proximité de Suippes, tombe en flammes dans les lignes ennemies.

5 mars. — Un de nos avions lance, de nuit, plusieurs bombes sur la gare de Conflans, où régnait une grande activité.

8 mars. — Un de nos groupes de bombardement, composé de seize avions, lance 124 obus de tous calibres sur la gare de Metz-Sablons, où se trouvaient plusieurs trains. Les projectiles ont bien porté. Une escadrille d'avions ennemis a tenté de donner la chasse à nos avions, qui sont rentrés à leur terrain d'atterrissage à l'exception d'un seul, qui a été contraint d'atterrir par suite d'une panne.

Dans la journée, notre aviation s'est montrée particulièrement active. De nombreux combats sont livrés par nos appareils, la plupart dans les lignes ennemies. Au cours de ces luttes aériennes, quinze avions allemands sont mis en fuite ; dix sont vus piquant verticalement vers leurs lignes. En outre, d'après des renseignements certains, deux avions allemands, dont un fokker, sont abattus en Champagne, et trois dans la région de Verdun. Ces appareils sont tombés dans la zone allemande.

11 mars. — Dans la région de Douaumont, un de nos avions abat un fokker qui tombe en flammes dans les lignes allemandes.

12 mars. — Le sous-lieutenant Guynemer abat un avion allemand, qui tombe en flammes dans nos lignes, à proximité de Thiescourt. C'est le huitième avion abattu par ce pilote, dont six sont tombés dans nos lignes et deux dans les lignes allemandes.

Un autre de nos aviateurs descend un avion ennemi dans nos lignes, près de Dombasle-en-Argonne.

Les passagers des deux appareils détruits ont été tués.

Dans la même journée, nos groupes d'avions de combat livrent dix-huit engagements aériens dans la région d'Étain, au cours desquels les adversaires sont mis en fuite.

Un de nos groupes de bombardement, au cours d'un vol de nuit, lance 30 obus de gros calibre sur la gare de Conflans, où cinq foyers d'incendie sont constatés. Malgré la violente canonnade, tous nos appareils rentrent indemnes.

Sur le front anglais, dans la journée, trente-deux avions ennemis sont pourchassés ; l'un d'eux est descendu près de Lille, un deuxième tombe dans les lignes anglaises.

13 mars. — Un avion allemand est abattu dans les lignes anglaises.

Dans la journée du 13, notre aviation de corps d'armée et de combat a fait preuve, dans toute la région de Verdun, d'une activité remarquable.

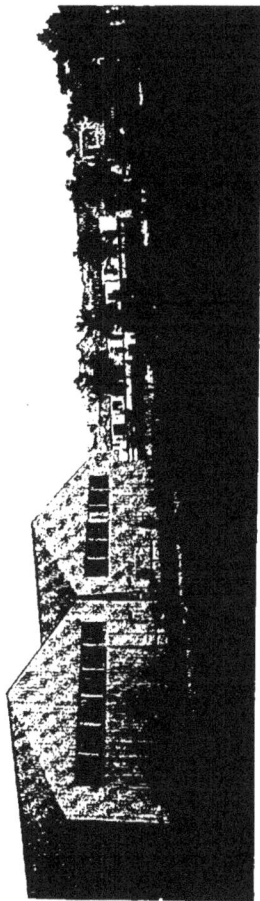

Biplan Caudron bi-moteur, en plein vol.

Ces appareils permettent à la fois les reconnaissances (vision totale), la chasse (vitesse : 135 kilomètres à l'heure) et le bombardement (charge utile : 500 kilos).

Une escadrille, composée de six avions, lance 130 obus sur la gare stratégique de Brieulles, nord de Verdun.

De nombreux combats sont livrés, où nous avons gardé incontestablement l'avantage. Au cours de ces combats, trois avions allemands sont abattus, dont un dans nos lignes et deux dans les premières lignes allemandes. D'autres avions ont été vus en chute, mais leur destruction n'a pu être constatée.

14 mars. — Six avions du premier groupe de bombardement et cinq avions bi-moteurs lancent 42 obus de gros calibre sur la gare de Brieulles.

De très nombreux combats aériens sont livrés dans la région de Verdun. Trois avions allemands ont été vus nettement abattus par les nôtres, dans les lignes allemandes.

Un de nos avions, attaqué par quatre appareils ennemis à l'est de Lure, engage le combat et réussit à abattre un de ses adversaires, qui tombe dans la région de Cernay. L'avion français rentre indemne dans nos lignes.

16 mars. — Sur le front anglais, activité aérienne considérable. Une reconnaissance d'avions force, à coups de bombes, un ballon d'observation allemand à atterrir.

17 mars. — Malgré la brume et les nuages bas, notre aviation de combat effectue, dans la région de Verdun, vingt-neuf vols de chasse, au cours desquels elle livre trente-deux combats aériens : un fokker a paru sérieusement touché.

Dans la nuit du 17 au 18, un groupe de dix-sept avions de bombardement lance 54 obus de gros calibre, dont 40 sur la gare de Conflans et 14 sur la gare de Metz. Les obus sont bien tombés au but. De nombreux éclatements ont été constatés sur les voies et trois incendies ont été allumés dans la gare de Metz-Sablons. Violemment canonnés sur leur parcours, tous nos avions rentrent indemnes.

Au cours d'une reconnaissance offensive, une autre de nos escadrilles lance 10 obus sur l'aérodrome de Dieuze et 5 sur la gare d'Arnaville.

18 mars. — Dans la région de Verdun, un de nos avions abat un appareil ennemi, qui tombe en flammes dans nos lignes près de Montzéville.

Cinq de nos avions bi-moteurs bombardent la gare de Metz-Sablons, les dépôts de munitions ennemis près de Château-Salins et l'aérodrome de Dieuze. 3o obus de gros calibre sont lancés au cours de cette expédition, dont 2o sur la gare de Metz.

Un de nos groupes de bombardement composé de vingt-trois avions jette 72 projectiles sur le champ d'aviation d'Habsheim et sur la gare de marchandises de Mulhouse. Des avions ennemis lancés à la poursuite des nôtres engagent avec eux une bataille aérienne au cours de laquelle un avion français et un allemand se descendent mutuellement à coups de mitrailleuse. Deux autres avions allemands tombent en flammes et trois des nôtres, touchés sérieusement, doivent atterrir en territoire ennemi.

19 mars. — L'adjudant Navarre abat son septième avion allemand dans la région de Verdun. L'appareil ennemi tombe dans nos lignes.

Dans la région Arras-Armentières, nombreux combats aériens. Un avion ennemi est descendu.

20 mars. — Ce matin, vers 4 heures, soixante-cinq avions anglais, français et belges bombardent le champ d'aviation de Houttave, est d'Ostende, ainsi que Zeebrugge. Dix-neuf avions français y ont pris part et sont tous rentrés.

Dans la nuit du 19 au 20 mars, nos avions de bombardement lancent 25 obus sur la gare de Dun-sur-Meuse, où d'importants mouvements de troupes avaient été signalés. Tous les projectiles ont exactement porté au but.

Dans la matinée du 20 mars, un de nos avions de chasse abat, dans la région de Verdun, un appareil ennemi, qui tombe dans nos lignes.

A la suite d'un raid d'hydravions allemands en Angleterre, l'officier aviateur Bona, occupant seul un aéroplane, poursuit un des hydravions jusqu'à 3o milles en mer et force l'ennemi à descendre, après un quart d'heure de combat. L'appareil allemand est criblé de balles et l'occupant tué.

21 mars. — Dans la nuit du 20 au 21, nos avions bombardent les gares de Dun-sur-Meuse, Audun-le-Roman et des bivouacs dans la région de Vigneulles.

Dans la journée, un de nos pilotes abat un avion allemand, qui tombe en flammes dans la région de Douaumont.

Armée d'Orient. — *24 mars.* — Un groupe de nos avions, composé de vingt-trois appareils, lance de nombreux obus sur les cantonnements ennemis de Volovco (ouest du lac de Doiran). Au cours de l'opération, un de nos pilotes est touché par un projectile et tombe dans le lac de Doiran. Un autre est contraint d'atterrir, mais il peut rentrer dans nos lignes après avoir incendié son appareil.

25 mars. — Dans la nuit du 25 au 26 mars, deux de nos avions lancent 16 obus de gros calibre sur les bivouacs ennemis à Nantillois et à Montfaucon.

Armée d'Orient. — Un albatros est abattu par un de nos pilotes. Dans cette même journée, une de nos escadrilles lance des projectiles sur les campements ennemis de Podgoritza.

26 mars. — Un de nos pilotes abat un avion allemand, qui tombe près de nos lignes, dans la région de Douaumont.

27 mars. — Un avion autrichien, atteint par le feu de l'infanterie italienne, est contraint d'atterrir, près de Vittorio.

Un raid aérien est effectué contre la base turque avancée de Bar-el-Hassanah, à environ une centaine de milles du canal.

Quatre aéroplanes anglais, partant d'un même point, exécutèrent une première phase d'attaque ; ils furent suivis par deux autres aéroplanes partis d'une autre base et qui arrivèrent aussitôt après que les quatre premiers eurent lancé leur chargement de bombes.

Quarante projectiles ont été lancés sur le camp turc, qui prit aussitôt l'aspect d'un volcan en éruption. Plusieurs bombes éclatèrent sur un réservoir d'eau et sur des bâtiments érigés depuis peu par les Turcs. Un des aviateurs mit en déroute un contingent d'infanterie turque qui tirait sur les aéroplanes. Descendant à environ 60 mètres au-dessus des soldats, l'aviateur ouvrit le feu avec sa mitrailleuse et la troupe s'enfuit, prise de panique, vers le désert. La tente des officiers fut alors attaquée et ses occupants durent se sauver comme leurs hommes.

Tous les appareils sont revenus indemnes à leur base, après avoir volé quelque 200 milles.

Armée d'Orient. — *28 mars*. — Salonique est bombardée par une escadrille aérienne; vingt civils grecs sont tués et vingt-cinq blessés. Nos avions, lancés à la poursuite de l'ennemi, lui abattent quatre de ses appareils.

29 mars. — Une de nos escadrilles de bombardement lance 15 obus de gros calibre sur la gare de Metz-Sablons et 5 sur la gare de Pagny-sur-Moselle.

Dans la nuit du 29 au 30, deux de nos avions bombardent la gare de Maizières-les-Metz.

30 mars. — En Champagne, nos canons spéciaux abattent un avion allemand, qui tombe dans les lignes ennemies, près de Sainte-Marie-à-Py.

En Champagne également, dans la région de Dontrien, un de nos pilotes abat un fokker, qui tombe en flammes dans les lignes ennemies. Dans la région de Verdun cinq avions allemands sont abattus à proximité immédiate des lignes. Tous nos pilotes rentrent indemnes.

Un avion allemand est abattu par nos canons spéciaux et tombe en flammes dans les lignes ennemies au nord de Tahure.

Sur le front russe, un avion ennemi, atteint par la fusillade, tombe dans la région de Trembowla. Les deux aviateurs, un capitaine et un lieutenant, sont faits prisonniers.

Un de nos pilotes, au cours d'un combat mouvementé.

descend un aviatik, qui tombe dans nos lignes à Soppe (région de Belfort).

Pendant le mois de mars, notre aviation de combat s'est montrée très active sur tout le front, notamment dans la région de Verdun.

Au cours de nombreuses luttes aériennes, trente et un avions ont été abattus par nos pilotes, dont neuf sont tombés en flammes ou se sont écrasés sur le sol dans l'intérieur de nos lignes et vingt-deux ont été descendus dans les lignes allemandes. Aucun doute ne subsiste touchant le sort de ces vingt-deux avions que nos pilotes avaient attaqués dans les lignes ennemies ; douze de ces derniers ont été vus tombant en flammes et dix se sont abattus en vrille sous le feu de nos aviateurs.

En outre, quatre avions allemands ont été descendus par nos canons spéciaux, dont un dans nos lignes, aux environs d'Avocourt, et trois dans les lignes ennemies (un à proximité de Suippes, un près de Nouvion, un près de Sainte-Marie-à-Py).

A ce total de trente-cinq avions allemands détruits pendant le mois de mars, il faut opposer le chiffre de nos pertes aériennes qui se monte à treize avions et se décompose comme suit :

Un avion français abattu dans nos lignes ;

Douze avions français abattus dans les lignes allemandes.

La grande disproportion qui existe, tant pour nos avions que pour les avions ennemis, entre les chutes effectuées dans la zone française et celles qui se produisent dans la zone ennemie, est significative.

D'après un document trouvé sur un prisonnier, les pilotes allemands auraient reçu l'ordre de franchir le moins possible leurs propres lignes. Le bilan du mois de mars prouve au contraire que nos avions de chasse survolent incessamment le territoire de l'adversaire, pour rechercher les combats.

AVRIL 1916

1er avril. — Dans la nuit du 1er au 2 avril, une de nos escadrilles de bombardement lance 28 obus sur la gare d'Étain et sur les bivouacs installés aux abords du village de Nantillois. Cette même nuit, trois de nos avions jettent 22 obus qui allument de nombreux incendies dans les villages d'Azannes et de Brieulles-sur-Meuse. Au cours de la journée du 2 avril, nos aviateurs abattent trois appareils ennemis sur le front de Verdun ; deux autres avions allemands doivent atterrir précipitamment dans la même région. Enfin un drachen est descendu en flammes par un de nos aéroplanes.

L'artillerie russe abat un aéroplane allemand au sud de Liewenhof. L'appareil est intact et les aviateurs prisonniers.

Près d'Aquileia, les batteries anti-aériennes italiennes abattent un biplan ennemi, faisant prisonniers les deux officiers aviateurs qui le montaient.

2 avril. — Au bois Le Prêtre, un aviatik est abattu par nos canons spéciaux. L'appareil est tombé dans les lignes allemandes.

Près de Moyen un avion allemand tombe dans nos lignes : les aviateurs sont faits prisonniers.

Un aviateur anglais abat un avion ennemi dans la région de Lens.

3 avril. — En représailles du bombardement de Dunkerque effectué par un zeppelin la nuit dernière, trente et un avions alliés lancent sur les cantonnements ennemis de Keyem, Eessen, Terrest et Houthulst 83 obus de gros calibre.

Dans la nuit du 2 au 3 avril, une de nos escadrilles bombarde la gare de Conflans.

Dans la journée, de nombreux combats aériens sont livrés avec succès dans la région de Verdun ; nos aviateurs abattent quatre avions allemands. D'autres appareils ennemis sont mis en fuite ou contraints d'atterrir.

Un aviateur anglais abat un avion allemand en arrière des

lignes au sud de Souchez; le pilote et l'observateur ont été tués tous les deux.

Un avion italien Caproni laisse tomber une grosse bombe sur Grafenberg (Gorizia) et y provoque un incendie.

4 avril. — Dans la région de Verdun, nos avions de chasse livrent dans la journée quinze combats aériens au cours desquels un avion bi-moteur allemand est abattu près de l'étang des Hauts-Fourneaux. Un autre appareil ennemi tombe près du bois de Tilly. Enfin, un troisième avion allemand pique verticalement sur le sol. Tous nos pilotes rentrent indemnes.

Dans la nuit du 3 au 4, une de nos escadrilles de bombardement lance 14 obus sur la gare de Nantillois et 5 sur les bivouacs de Damvillers.

6 avril. — Des aviateurs russes exécutent plusieurs raids réussis. Dans la région au sud-ouest de Dvinsk, l'aviateur lieutenant Barbass abat un dirigeable ennemi qui tombe dans les lignes ennemies.

Dans la nuit du 5 au 6, sept avions autrichiens franchissent les lignes italiennes entre l'Isongo et Tagliamento. Les aviateurs italiens ayant pris aussitôt leur vol attaquent et dispersent l'escadrille ennemie, abattant deux avions et faisant prisonniers quatre aviateurs, dont deux officiers.

Communiqué britannique. — *8 avril.* — Un monoplan Fokker atterrit dans nos lignes. Le pilote est fait prisonnier et n'est pas blessé.

Un de nos pilotes abat, dans la région de Verdun, au cours d'un combat aérien, un fokker qui tombe dans nos lignes près d'Esnes.

9 avril. — Un autre fokker est abattu par les tirs de nos canons spéciaux. L'appareil tombe en Woëvre dans les lignes allemandes.

Un troisième fokker atterrit dans nos lignes en Champagne. L'appareil est intact; le pilote est fait prisonnier.

Un avion russe type Mourametz survole la région de Riga, lançant plusieurs bombes sur les cantonnements ennemis.

11 avril. — Dans la nuit du 10 au 11 avril, une de nos escadrilles de bombardement lance, à deux reprises différentes, 27 et 21 obus sur les gares de Nantillois et de Brieulles. La même escadrille couvre de projectiles l'emplacement d'une pièce de 380 tirant à longue portée.

Ce matin, un de nos pilotes abat un avion allemand qui tombe dans nos lignes près de Badonviller. Les deux aviateurs ennemis sont tués dans leur chute.

12 avril. — Dans la nuit du 12 au 13, une de nos escadrilles bombarde les établissements militaires allemands de Guevgeli ; au jour, une autre escadrille de vingt-trois appareils lance des projectiles nombreux sur les camps et les batteries ennemis de Bogorodica.

14 avril. — Près de la gare de Seslaving, une batterie russe abat un avion ennemi qui atterrit près du bourg de Gloubokoie.

Quatorze aéroplanes russes lancent 50 bombes sur les gares de Zuczka et de Czernowitz-nord. Tous les appareils rentrent indemnes.

15 avril. — Dans la nuit du 14 au 15, trois avions anglais, qui avaient pris l'air des Dardanelles, bombardent Constantinople et la poudrière de Zeitenlik, ainsi qu'un hangar d'aviation. Un autre appareil bombarde la gare d'Andrinople.

Tous les avions sont rentrés indemnes.

16 avril. — Dans la nuit du 16 au 17, une de nos escadrilles, composée de neuf avions, exécute, en dépit d'une brume intense, une importante opération de bombardement sur la région Conflans—Pagny—Arnaville—Rombach. Les projectiles suivants sont lancés : 12 obus sur la gare de Conflans ; 16 obus sur les usines de Rombach ; 8 obus sur la gare d'Arnaville ; 11 obus sur les voies ferrées de Pagny et d'Ars. Dans la nuit du 15 au 16, un de nos avions-canons, survolant la mer du Nord à 100 mètres d'altitude, tire sur un navire ennemi 16 obus dont la plupart atteignent leur but.

Dans la nuit du 16 au 17 avril, nos avions de bombardement lancent 22 obus sur les gares de Nantillois et de Brieulles, 15 obus sur Étain et sur les bivouacs de la forêt de Spincourt, 8 obus sur les cantonnements de Viéville et de Thillot (nord-ouest de Vigneulles).

Dans la même nuit, des avions italiens bombardent Trieste. Poursuivis au retour par des hydroplanes autrichiens, un de ceux-ci est abattu à Grado. Les deux aviateurs autrichiens sont faits prisonniers.

18 avril. — Un hydravion italien et trois hydravions français, escortés par des torpilleurs, bombardent efficacement des points ayant une importance militaire, près de Trieste. Un appareil ennemi qui tentait de survoler Venise est abattu.

22 avril. — Une de nos escadrilles de bombardement jette 20 obus sur les bivouacs ennemis près d'**Azannes** et **Villers-lès-Mangiennes** (nord-est de Verdun).

Armée d'Orient. — En riposte à un raid d'avions ennemis sur des villages de la frontière grecque, un de nos avions lance 4 bombes sur la ville de Sofia.

23 avril. — Dans la journée du 23 et dans la nuit du 23 au 24, nos escadrilles bombardent la gare de Vijwege (est de la forêt d'Houthulst). 30, puis 18 obus de gros calibre, dont beaucoup ont atteint leur but, ont été lancés sur les bâtiments de la gare. Tous les avions sont rentrés indemnes.

Dans la nuit du 23 au 24 avril, nos escadrilles effectuent plusieurs opérations de bombardement.

Vingt et un obus et 8 bombes incendiaires sont lancés sur la gare de Longuyon, 5 obus sur la gare de Stenay, 12 obus sur les bivouacs à l'est de Dun, 32 obus sur des bivouacs de la région de Montfaucon et sur la gare de Nantillois.

Des hydroplanes anglais exécutent une attaque aérienne contre l'aérodrome ennemi de Mariakerke et rentrent indemnes, malgré un feu violent.

Un aéroplane ennemi est abattu par le feu des canons

anglais près de Ploegsteert ; le pilote et l'observateur sont tués.

24 avril. — Près de Vauquois, un avion ennemi contraint d'atterrir dans ses lignes, après combat, est détruit par notre canon.

Dans la région de Verdun, un de nos avions de chasse abat un avion allemand, qui tombe sur la côte du Poivre, à 50 mètres de nos tranchées.

Un troisième appareil ennemi, descendu par un de nos pilotes, est abattu dans le bois des Forges.

Enfin un fokker, mitraillé à bout portant par un de nos aviateurs, pique verticalement dans la région d'Hattonchâtel.

Des hydroplanes anglais, accompagnés d'avions belges, exécutent une nouvelle attaque sur l'aérodrome de Maria-kerke. Un grand nombre de bombes sont lancées et un avion allemand est détruit dans un combat.

Huit avions anglais attaquent le camp de Quatyar par surprise. Le camp a été complètement détruit par les bombes et les mitrailleuses.

25 avril. — Le matin, vers 3 heures, un de nos avions-canons, attaquant un zeppelin au large de Zeebrugge à 4.000 mètres d'altitude, tire sur lui 19 obus incendiaires. Le zeppelin paraît avoir été touché. A la même heure, au large d'Ostende, un autre de nos avions-canons tire plusieurs projectiles sur un torpilleur allemand qu'il atteint. Un de nos pilotes, à la suite d'un combat aérien, abat ce matin un fokker qui tombe dans nos lignes, à proximité d'Hoéville (nord de Lunéville) : l'aviateur ennemi, blessé, a été fait prisonnier.

Un aviatik égaré atterrit cette nuit dans nos lignes aux environs de Rosières (Oise).

Les deux officiers qui le montaient sont faits prisonniers.

Un avion ennemi pris sous le feu de nos canons spéciaux tombe en flammes vers Bagatelle-Pavillon (nord du Four-de-Paris).

L'avion allemand tombé hier dans les lignes ennemies près de Vauquois et détruit par notre canon a été descendu par le sous-lieutenant Navarre. C'est le neuvième appareil ennemi abattu par ce pilote.

Dans la nuit du 25 au 26, nos avions de bombardement ont été particulièrement actifs dans la région de Verdun. 14 obus sont jetés sur des parcs et bivouacs aux environs d'Étain; 4 sur des bivouacs près de Damvillers; 6 sur la gare de Brieulles; 15 sur la gare de Conflans; 6 sur la gare de Pierrepont; 6 sur les aciéries de Jœuf-Homécourt; 10 sur la gare de Mézières et 2 sur Rethel.

Dans la même nuit, notre aviation effectue également de nombreuses opérations de bombardement dans la région de Roye : 18 obus sont jetés sur un dépôt de munitions au sud de Villers-Carbonnel où de fortes explosions sont constatées; 12 bombes sont lancées sur le pont de Biaches et 38 obus sur les dépôts de Crémery et de Gruny (nord de Roye).

Armée d'Orient. — Nos avions bombardent la gare de Stroumitza, le camp et les batteries de Bogdanci, les cantonnements de Negorci à Bogorodica et ceux de Petric. Un avion allemand est abattu près d'Ostrova (sud-est de Monastir).

26 avril. — Un avion ennemi abattu par le tir de nos autos-canons tombe en avant du fort de Vaux.

La même nuit, nos avions lancent 37 obus de 120 sur différentes gares de la vallée de l'Aire, 25 obus de 120 sur des bivouacs de la vallée de l'Orne, 6 obus de 120 et 2 bombes incendiaires sur la gare de Thionville, 8 obus de 120 sur la gare de Conflans.

Un avion allemand est abattu dans les lignes russes, au sud-est de Krevo. Un avion russe Ilia-Mourametz bombarde la gare de Daudzewas, au sud-est de Friedrichstadt et jette 13 bombes de 1 poud, provoquant plusieurs incendies.

27 avril. — Nos avions livrent de nombreux combats. Un avion ennemi est abattu dans la région de Fromezey. Deux autres appareils ennemis, attaqués par les nôtres, sont descendus, sérieusement touchés, l'un près de Douaumont, l'autre dans le bois de Montfaucon.

Dans la région de Nesle, un fokker, mitraillé par un nieuport, a piqué verticalement dans ses lignes.

Dans la journée, une de nos escadrilles de bombardement jette 18 obus sur la gare de Lamarche-en-Woëvre.

Dans la nuit du 27 au 28 avril, nos avions bombardent la gare d'Audun-le-Roman, des baraquements près de Spincourt et les gares de Grandpré et de Challeranges.   ,

29 avril. — Un aviatik est contraint d'atterrir dans la vallée de la Biesme (Argonne) après un combat contre nos avions de chasse. L'appareil est intact. Les deux officiers qui le montaient sont faits prisonniers.

Un de nos avions attaque deux fokkers au-dessus des lignes allemandes dans la région de Roye. L'un des deux appareils, mitraillé à 1.500 mètres d'altitude, s'écrase sur le sol ; l'autre est contraint d'atterrir.

Deux autres fokkers sont abattus par nos avions de combat, l'un près des Éparges, l'autre au sud de Douaumont.

Cinq avions ennemis lancent des bombes sur la région sud de Verdun. Nos avions de chasse, lancés à leur poursuite, réussissent à en abattre deux. Un troisième est descendu par le tir de nos canons spéciaux.

Dans la nuit du 29 au 30, nos escadrilles de bombardement lancent de nombreux projectiles sur la gare de ravitaillement et de munitions de Sébastopol (sud de Thiaucourt), sur la voie ferrée d'Étain, sur les bivouacs près de Spincourt et sur les gares d'Apremont, Grandpré, Challerange et Vouziers. De nombreux éclatements ont été signalés sur les voies ferrées et plusieurs incendies se sont déclarés.

Pendant le mois d'avril, notre aviation de combat, qui s'est montrée très active, particulièrement dans la région de Verdun, a obtenu des résultats appréciables. Au cours de nombreuses luttes aériennes, où ils gardèrent incontestablement l'avantage, nos pilotes ont réussi à abattre trente et un avions ennemis. Neuf de ces derniers sont tombés dans nos lignes et vingt-deux ont été vus par nos observateurs descendant en flammes ou complètement désemparés dans les lignes allemandes. Pendant la même période, six avions français ont eu le dessous dans les combats et sont tombés dans les lignes ennemies.

Dans la nuit du 28 au 29 avril, une de nos escadrilles bombarde une usine en pleine activité à Hayange (Lorraine annexée) et des bivouacs à l'est d'Azannes. Cette opération, exécutée en dépit d'un vent très violent, constitue le centième bombardement effectué par la même escadrille.

———

MAI 1916

2 mai. — Un avion allemand est abattu par un de nos pilotes au cours d'un combat mouvementé. L'appareil tombe dans les lignes ennemies au nord de Douaumont.

3 mai. — Un de nos avions livre combat à deux appareils allemands dans la région de Douaumont : l'un tombe désemparé, l'autre prend la fuite.

5 mai. — Le zeppelin *L. 85,* venu de Temesvar sur Salonique, est pris en chasse par nos avions, abattu et détruit à l'embouchure du Vardar par les tirs de la flotte et des autoscanons. Tout l'équipage est fait prisonnier. C'est ce même dirigeable qui avait accompli les deux raids précédents au-dessus du camp retranché de Salonique.

7 mai. — Deux avions allemands sont abattus en combat aérien dans la région de Verdun. L'un d'eux tombe aux environs d'Ornes ; l'autre, sérieusement touché, est contraint d'atterrir au sud d'Azannes.

10 mai. — Dans la nuit du 10 au 11 mai, quatre de nos avions de bombardement lancent 26 obus sur les gares de Damvillers et d'Étain, et sur un parc près de Foameix, où un incendie s'est déclaré.

Près de Czartorysk, l'artillerie russe abat un avion allemand. Les passagers sont faits prisonniers.

11 mai. — Des aviateurs italiens bombardent la gare de San-Pietro-di-Goritza et les abords d'Aisovizza.

12 mai. — Dans la nuit du 12 au 13, une de nos escadrilles, composée de dix avions, lance 43 obus sur les gares de Nantillois, de Brieulles et sur des bivouacs dans les régions de Montfaucon et de Romagne.

Dans la même nuit, un de nos avions lance 11 obus sur le hangar à dirigeables de Metz-Frescaty.

14 mai. — Nos avions bombardent le camp bulgaro-allemand de Xanthi, jetant 400 bombes. Tous les appareils reviennent indemnes.

16 mai. — Une escadrille d'avions italiens Caproni bombarde, à l'aube, la gare d'Ovcia-Draga et des cantonnements ennemis à Castagnievica, Locvica et Zegeti, sur le Carso. 5o bombes sont lancées sur ces objectifs avec des résultats efficaces. Exposés au feu de nombreuses batteries et attaqués par de nombreux avions ennemis, les Caproni rentrent tous indemnes, après avoir abattu deux avions autrichiens.

17 mai. — Dans la nuit du 16 au 17 mai, treize de nos avions de bombardement lancent : 24 obus sur des bivouacs dans la région Damvillers—Ville-devant-Chaumont, 11 sur la gare de Brieulles et sur Cléry, 14 sur des cantonnements à Nantillois et Romagne, 21 sur la gare d'Apremont et sur Grand-Pré ; plusieurs incendies ont été constatés.

Un de nos pilotes abat un avion allemand au nord de Vic-sur-Aisne : les deux ailes de l'appareil ennemi se sont détachées dans la chute.

Dans la même nuit, une autre de nos escadrilles lance 20 obus sur les gares d'Ars et de Metz, 40 obus sur les hangars de Frescaty, 40 obus sur la gare d'Arnaville et 30 sur la voie ferrée et les gares entre Metz et Thionville.

Au cours de la journée, un de nos pilotes, dans un combat aérien, abat un avion allemand qui tombe au nord-ouest de Rezonville.

Un autre avion ennemi, mitraillé par un des nôtres, tombe dans la région du Ban-de-Sapt.

Dans la journée du 17, une de nos escadrilles bombarde la gare de Metz-Sablons sur laquelle elle lance 25 obus de gros calibre.

Dans la région de Verdun, l'activité de l'aviation est particulièrement importante : trente-trois combats sont livrés; trois avions allemands sont abattus. Tous les nôtres sont heureusement rentrés.

Dans la nuit du 16 au 17 mai, nos avions effectuent de nombreux bombardements sur le front au nord de Verdun, notamment 15 obus de gros calibre sont lancés sur un important dépôt de munitions entre Raucourt et Haraucourt (10 kilomètres sud de Sedan), 5 sur la gare de Sedan où un incendie s'est déclaré, 15 sur un dépôt de munitions près d'Azannes. Dans la même nuit, deux de nos appareils jettent 80 obus sur la gare de Metz-Sablons.

Une escadrille italienne lance des bombes sur Dellach et Kostchach, dans la vallée du Gail, y allumant des incendies.

18 mai. — Un avion allemand est descendu par un de nos pilotes près de Sainte-Menehould. Les aviateurs ennemis sont faits prisonniers.

Le sous-lieutenant Navarre abat son dixième avion allemand. L'appareil ennemi s'écrase sur le sol, près de Bolante (Argonne).

Dans la nuit du 18 au 19, nos avions effectuent de nombreuses opérations de bombardement : l'aérodrome de Morhange, les gares de Metz-Sablons, Arnaville, Brieulles, Stenay, Sedan, Étain, les bivouacs de Montfaucon et d'Azannes reçoivent de nombreux projectiles.

Des avions italiens bombardent des baraquements et des campements ennemis dans la zone de Folgaria et rentrent indemnes.

Des hydravions et des aéroplanes britanniques bombardent El-Arisch avec succès. Une colonne d'un millier d'hommes a été aperçue et bombardée. 3 bombes sont tombées dans les rangs ennemis.

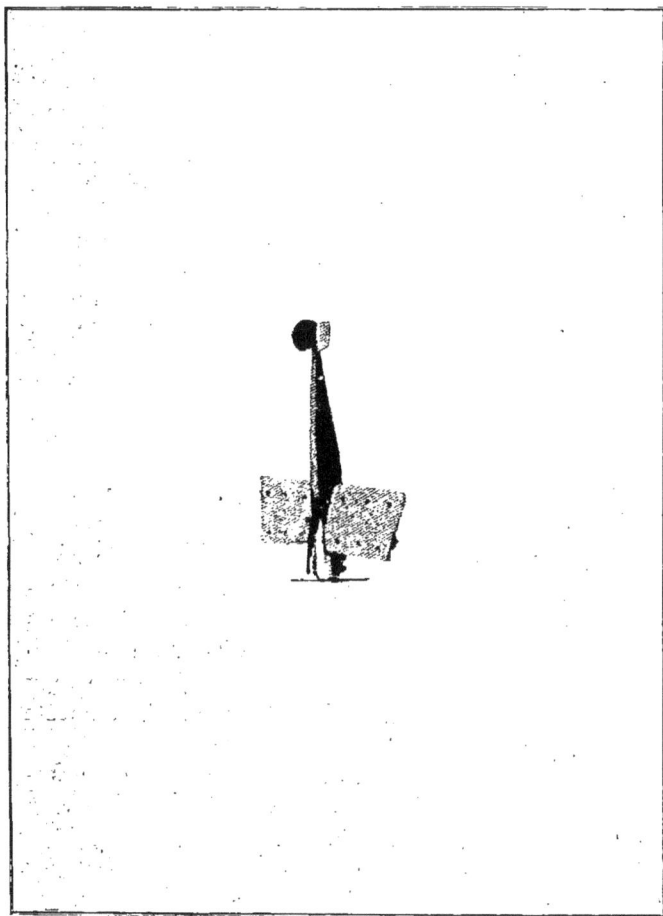

Monoplan Fokker, à mitrailleuse, en plein vol.

19 mai. — Le sous-lieutenant Navarre abat son onzième avion allemand. L'appareil tombe dans nos lignes à Chattancourt; les deux aviateurs sont faits prisonniers. Dans la même journée, un autre avion allemand, attaqué par le sous-lieutenant Nungesser, s'écrase dans le bois de Forges. C'est le cinquième appareil ennemi descendu par ce pilote.

Trois autres avions allemands, mitraillés par les nôtres, sont vus piquant verticalement dans leurs lignes.

Des avions allemands lancent de nuit de nombreuses bombes sur Dunkerque et sur Bergues. A Dunkerque, une femme a été tuée et vingt-sept personnes ont été blessées. A Bergues, on signale cinq tués et onze blessés.

En représailles, une escadrille française part immédiatement bombarder les cantonnements ennemis de Vijfwege, Zarren et Handzaeme, et une escadrille belge le centre d'aviation de Ghistelles. La plupart des obus ont porté au but.

20 mai. — Un de nos autos-canons abat un avion allemand dans la région de Verdun.

Sur le front anglais, deux avions ennemis sont abattus.

21 mai. — Dans la nuit du 20 au 21, nos avions de bombardement lancent de nombreux projectiles sur les établissements militaires de Thionville, Étain, Spincourt et sur des bivouacs dans la région d'Azannes-Damvillers. Un bombardement de la gare de triage de Lumes provoque une fuite rapide des trains et allume un gros incendie dans les bâtiments de la gare.

Au cours d'un combat aérien, livré par quatre de nos avions à trois fokkers au-dessus de la forêt de Bezange, un des appareils ennemis est abattu.

Un autre fokker, attaqué par un de nos pilotes, est contraint d'atterrir dans ses lignes sous le feu de nos batteries, qui détruisent l'appareil.

Une escadrille ennemie jette une centaine de bombes sur la banlieue de Dunkerque; 2 soldats et 1 enfant sont tués, 20 personnes blessées. Des avions alliés, lancés à la poursuite des appareils ennemis, réussissent à en abattre deux au moment où ceux-ci rentraient dans leurs lignes.

Aussitôt après le premier bombardement, un groupe de cinquante-trois avions, français, britanniques et belges, survolent les cantonnements allemands de Vijfwege et Ghistelles, sur lesquels 250 obus sont jetés.

En fin de journée, au cours d'un combat aérien, au large de Nieuport, un avion belge, capitaine Jacquet pilote, lieutenant Robin observateur, abat un aéroplane allemand qui tombe dans la mer.

Dans la région de Verdun, nos avions attaquent des ballons captifs allemands ; six de ces ballons sont abattus en flammes.

Au cours d'un combat aérien, un de nos pilotes abat un avion allemand dans la région des Éparges.

Deux autres appareils ennemis, attaqués par les nôtres, tombent désemparés, l'un dans les lignes ennemies près de Liancourt-Fosse (près de Roye), l'autre dans nos lignes à Fontenoy (ouest de Soissons).

Dans les nuits du 20 au 21 et du 21 au 22 plusieurs opérations sont exécutées par nos groupes d'avions de bombardement. Des obus sont lancés avec succès sur les gares de Metz-Sablons, d'Avricourt et de Roye, sur les dépôts de munitions de Biaches et de la Chapelotte, sur les bivouacs de la région d'Azannes et sur le village de Jemietz où était installé un poste de commandement important.

22 mai. — Un de nos avions de chasse lancé à la poursuite d'un des appareils allemands qui venait de bombarder Dunkerque le rejoint et l'abat à Wizzele (nord-est de Cassel).

En Alsace, deux avions ennemis sont descendus en combat aérien ; l'un tombe dans nos lignes à Sentheim (sud de Thann), l'autre dans la région du Bonhomme à peu de distance de nos tranchées.

Au cours d'une incursion aérienne sur Porto Gruaro, un hydravion autrichien est abattu par les batteries italiennes.

23 mai. — Dans la région de Furnes, un appareil allemand, mitraillé par un des nôtres, s'abat dans nos lignes.

Près de Beaumont, un aviatik, sérieusement touché au cours d'un combat aérien, tombe dans les lignes ennemies.

Dans la région du Linge, un de nos pilotes, attaqué par trois avions ennemis, abat l'un de ses adversaires et met en fuite les deux autres.

ARMÉE D'ORIENT. — *24 mai.* — Nos aviateurs bombardent Xanthi et Melnig et des camps ennemis voisins d'Uskub.

25 mai. — Au cours d'un combat aérien, un de nos avions abat un fokker qui tombe dans les lignes ennemies au nord de Vaux.

Dans la région d'Étain, une de nos escadrilles livre bataille à un groupe d'avions allemands : deux avions ennemis, sérieusement touchés, sont contraints d'atterrir.

28 mai. — Nos pilotes livrent quinze combats aux avions allemands. Deux de ces derniers sont abattus : l'un tombe en flammes aux lisières de l'Argonne, près de Monthois ; l'autre dans la région d'Amifontaine (nord de Berry-au-Bac).

Au cours d'un vol de réglage un de nos pilotes est attaqué, dans la région au nord de l'Aisne, par un fokker qui tire sur lui plus de 1.000 cartouches. Sous cette grêle de projectiles, et bien que son appareil fût criblé de balles, notre pilote parvient à rentrer dans ses lignes, poursuivi par son adversaire. Celui-ci, attaqué à son tour à moins de 30 mètres par un appareil français accouru à toute vitesse, s'écroule sur le sol aux environs de Bourgogne, ouest de Reims.

Sur la rive gauche de la Meuse, nos autos-canons descendent deux appareils allemands qui tombent le premier au nord d'Avocourt, le second vers Forges.

29 mai. — Une escadrille aérienne russe bombarde à plusieurs reprises la station électrique ennemie du bourg de Komay, au nord-ouest du lac Narocz.

ARMÉE D'ORIENT. — *30 mai.* — Nos avions bombardent à nouveau les campements ennemis de la région de Guevgeli.

JUIN 1916

1er juin. — Dans la nuit du 31 mai au 1er juin, une de nos escadrilles lance une vingtaine d'obus sur les gares de Thionville et d'Audun-le-Roman et 50 obus sur le centre de ravitaillement d'Azannes.

Un aviatik, attaqué par un de nos avions, est contraint d'atterrir dans nos lignes au sud de Bernécourt (région de Toul). Les deux aviateurs ennemis sont faits prisonniers.

Nos escadrilles livrent combat à un groupe d'avions qui venaient de bombarder Bar-le-Duc et obligent un second groupe d'appareils ennemis à se disloquer. Un avion allemand est abattu près d'Étain, au cours de cette poursuite.

Un fokker, attaqué par deux de nos avions bi-moteurs, est descendu près de Bouconville.

ARMÉE D'ORIENT. — Nos avions bombardent les cantonnements et organisations ennemis de Petric.

Deux escadres aériennes russes opèrent des raids sur des points en arrière des lignes ennemies. Une de ces escadres, forte de six appareils, bombarde la région du bourg de Solv ; une autre, forte de quatorze appareils, jette des bombes sur la gare de Manewitghi et le chemin de fer Kovel—Sarny. 48 projectiles sont lancés dans le premier raid et 66 dans le second.

Dans le val d'Assa, des aviateurs italiens lancent une centaine de bombes sur les campements et les dépôts ennemis, avec des résultats visiblement efficaces.

3 juin. — Sur le front russe, dans la région de Komay, un fokker, attaqué par un avion russe, est contraint d'atterrir précipitamment dans ses lignes.

Une escadrille de vingt-six avions anglais bombarde avec succès différents points militaires. Un des appareils manque.

4 juin. — Aujourd'hui, vers midi, un groupe d'avions allemands lance plusieurs bombes sur Toul. Six personnes sont tuées, une dizaine blessées. Les dégâts matériels sont peu importants; aucun établissement militaire n'a été atteint.

L'escadrille de chasse de Toul, ayant pris l'air immédiatement, pourchasse vigoureusement les avions ennemis. L'un de ces derniers est abattu dans nos lignes à Sanzey (12 kilomètres au nord de Toul). Deux autres avions ennemis, mitraillés par les nôtres, descendent brusquement dans les lignes allemandes.

ARMÉE D'ORIENT. — *7 juin.* — Nos avions bombardent les cantonnements bulgares de Petric, Guevgeli, Istip et Radovitsa.

11 juin. — Nos avions bombardent le fort de Rupel.

Un avion allemand du type « Fokker » est abattu sur le front anglais, près de Haubourdin.

12 juin. — Un hydravion italien bombarde Trieste.

14 juin. — Un de nos groupes de bombardement jette des bombes sur les organisations bulgares de Petric et Stroumitza.

15 juin. — Des escadrilles de Caproni bombardent avec d'excellents résultats la gare de Mattarollo (val Lagarina) et des campements autrichiens dans le voisinage des vallées de Nos et de Camponello (plateau d'Asiago).

17 juin. — Dans la nuit du 16 au 17 juin, une de nos escadrilles de bombardement jette 29 obus de 120 et 4 de 155 sur les gares de Longuyon, Montmédy, Audun-le-Roman.

Sur le front de Verdun, notre aviation livre de nombreux combats contre les avions allemands venus bombarder Bar-le-Duc. Au cours de ces engagements, deux avions ennemis sont abattus : l'un près de Malancourt, l'autre près de Samogneux. Trois autres appareils allemands, mitraillés de très près, piquent verticalement : le premier à Fresne, le second à Septsarges, le troisième aux abords de Béthincourt.

En Lorraine, quatre de nos appareils livrent bataille à quatre fokkers au-dessus des lignes ennemies. Deux de ces derniers, dont l'un tombe en flammes, sont abattus à l'est de Bezange; un de nos avions est contraint d'atterrir.

Nos escadrilles de bombardement se montrent également très actives : 24 obus sont lancés sur des dépôts ennemis près de la gare de Semide (région de Vouziers); 20 obus de gros calibre sur des usines à Thionville, où deux explosions sont constatées; une vingtaine de projectiles sur les établissements aériens de Tergnier et d'Étain.

18 juin. — Un avion anglais coupe la retraite à une reconnaissance aérienne ennemie et abat deux avions qui tombent dans les lignes allemandes.

19 juin. — Dans la nuit du 18 au 19, deux de nos escadrilles bombardent successivement, à Vouziers, les casernes et la gare où l'on signalait des mouvements de trains; l'une jette 36 projectiles de gros calibre, l'autre 25.

Sur le front anglais, vingt-sept combats aériens. Six avions ennemis sont abattus ou contraints d'atterrir. Deux appareils anglais sont perdus.

Sur le front russe, dans la région de la gare d'Okhotnikow, est de Sarny, un avion allemand est contraint d'atterrir.

21 juin. — Dans la nuit du 20 au 21, un de nos groupes de bombardement lance 210 obus sur la gare d'Arnaville et 276 sur les établissements militaires de la gare de Metz, soit au total 486 projectiles.

Une de nos escadrilles prend en chasse un groupe d'avions ennemis venus dans l'intention de bombarder les villages de la vallée de la Meuse. Au cours de la poursuite, un de nos pilotes abat deux appareils allemands dont l'un tombe en flammes au nord-est de Saint-Mihiel et l'autre s'écrase sur le sol près du fort de Génicourt.

Des escadrilles italiennes de Caproni et de Savoie-Farman, au total trente-quatre appareils, bombardent le parc d'aviation de Pergine, à la tête du val Sugana. Bien que pris sous le feu de nombreuses batteries et après avoir livré de nombreux combats, tous les avions rentrent indemnes, après avoir abattu trois appareils ennemis au retour.

22 juin. — Dans la nuit du 21 au 22, notre aviation de bombardement lance de nombreux projectiles sur les gares et voies ferrées d'Apremont, Grandpré, Septsarges, Romagne, Brieulles, sur les bivouacs du bois de Consenvoye et les établissements militaires du nord de Thionville.

En représailles des bombardements successifs effectués par les Allemands ces derniers jours, sur les villes ouvertes de Bar-le-Duc et Lunéville, nos escadrilles exécutent plusieurs opérations en territoire ennemi.

Dans la nuit du 21 au 22, 18 obus sont lancés sur la ville de Trèves où un grand incendie s'est déclaré.

Un groupe de neuf avions jette 40 obus sur Karlsruhe (175 kilomètres de Nancy).

Un autre groupe de dix avions bombarde Mülheim (rive droite du Rhin). 50 obus sont lancés sur les établissements militaires de cette ville.

L'efficacité de ces deux bombardements a pu être constatée.

Poursuivis par une escadrille de fokkers, au retour de Mülheim, nos appareils livrent un combat au cours duquel un fokker est abattu. Un de nos appareils doit atterrir par suite d'une panne.

Au cours de la journée, notre aviation de chasse s'est également montrée active. Le sous-lieutenant Nungesser descend son huitième avion, qui s'abat à Lamorville dans nos fils de fer.

Au sud de Lihons, un appareil allemand, mitraillé simultanément par le sergent Chainat et le sous-lieutenant Guynemer, s'écrase sur le sol. Le sergent Chainat a descendu jusqu'à ce jour quatre avions. Le sous-lieutenant Guynemer, neuf.

Enfin, dans la région d'Einville (nord de Lunéville), un avion ennemi est descendu par le tir de notre artillerie.

(Les deux appareils allemands tombés hier matin au nord-est de Saint-Mihiel et près du fort de Génicourt ont été descendus par le sous-lieutenant Chaput, qui a abattu six avions ennemis jusqu'à ce jour.)

L'artillerie russe abat deux avions allemands, qui tombent l'un à 2 verstes au sud de la gare de Listapody, sur la ligne de Bologie à Siedletz, l'autre près de la ferme de Joux, sud-est de l'embouchure du canal d'Oginski. Les occupants sont tués dans la chute et les appareils détruits.

23 juin. — Dans la nuit du 22 au 23 juin, notre aviation effectue plusieurs opérations de bombardement dans la région au nord de Verdun. Les gares de Grandpré, Longuyon, Nantillois, Audun-le-Roman reçoivent de nombreux obus de gros calibre, ainsi que les cantonnements de la région d'Azannes et de Montfaucon. Un violent incendie s'est déclaré dans la gare de Longuyon. Un dépôt de munitions ennemi situé au nord de Brieulles a explosé sous nos projectiles et cinq foyers d'incendie ont été constatés.

25 juin. — L'aviateur russe sous-lieutenant Orloff, qui se trouvait à la hauteur de 2.400 mètres, poursuit un aviateur ennemi et l'abat, près de Podgaitsy.

26 juin. — En Belgique, au cours d'une reconnaissance, trois de nos avions-canons tirent 65 obus sur les bateaux allemands près de la côte belge.

Sur le front italien, des avions bombardent des postes autrichiens au Monte Rover (sud-est de Candonaggio), la station d'Oberdraubourg et les dépôts de Dellach, provoquant partout de grands incendies ; tous les appareils rentrent indemnes.

Dans la région de Luck, trois hydravions russes engagent, de nuit, le combat avec quatre appareils allemands. L'un de ceux-ci est abattu et coulé à coups de bombes.

Une escadrille de dix avions italiens lance 50 bombes de gros calibre sur les stations de Calliano, dans le val Lagarina, avec des résultats manifestement efficaces.

27 juin. — Un avion autrichien, qui venait de survoler Vérone, est poursuivi par des aviateurs italiens et abattu. Il est tombé dans la vallée de Chiampo, sans avoir pu lancer aucune bombe.

Cinq avions britanniques attaquent quatre fokkers, dont

deux sont abattus et les deux autres contraints de s'enfuir. Un avion anglais manque.

Nos avions bombardent les camps bulgares de Kagliozlou, Karakeui et Guevgeli.

28 juin. — Dans la région de Nesvitche, sud-ouest de Luck, un avion autrichien tombe, abattu par l'artillerie russe. Les passagers sont prisonniers.

30 juin. — Des avions italiens Caproni bombardent des baraquements ennemis dans la haute vallée d'Assa et rentrent indemnes.

CHAPITRE VII

PEUT-ON RECONNAITRE LA NATIONALITÉ
DES AÉROPLANES ?

————

Tous les aéroplanes, quels qu'ils soient, portent peint sous leurs ailes et sur les plans de direction à l'arrière un insigne particulier à chaque nation. Les avions français ont une cocarde tricolore, avec le bleu au centre ; les avions anglais ont une cocarde identique, mais avec le rouge au centre. Les avions belges ont une cocarde noire-jaune-rouge, avec noir au centre.

Les appareils allemands, autrichiens et bulgares ont une croix de Malte noire.

Les belligérants ont intérêt à marquer leurs avions de signes distinctifs, non seulement en dessous, mais latéralement, d'une part pour être aisément identifiés par l'artillerie, et, d'autre part, pour se reconnaître entre avions en l'air.

Au début de la guerre, il était aisé de distinguer la nationalité des avions.

Les monoplans allemands étaient à ailerons, contrairement aux appareils français, à gauchissement ; les biplans allemands n'avaient pas leurs ailes dans le prolongement l'une de l'autre, mais formant un V très ouvert. Ils étaient à fuselage entoilé. Les biplans français, au contraire, avaient leurs ailes dans le prolongement l'une de l'autre et n'étaient pas à fuselage entoilé.

Actuellement, à la suite des nouveaux appareils construits par les différents belligérants, il n'est plus possible d'établir de signes distinctifs quant à la forme. Nous avons maintenant des avions à fuselage entoilé ; les Allemands ont des avions à ailes rectilignes. Ce n'est guère que par les insignes (cocardes ou croix), vus à la jumelle, que l'on identifie à coup sûr la nationalité des appareils.

La guerre aérienne s'est d'ailleurs considérablement modifiée depuis le début de la guerre, les randonnées de nuit augmentent de plus en plus, rendant très difficile la destruction des avions qui attaquent et augmentant les difficultés de la défense.

Les bombardements de nuit, comme on peut le voir à la lecture des communiqués, deviennent de plus en plus fréquents en France, tandis que nos ennemis n'utilisent guère, la nuit, que leurs dirigeables. Nos appareils, munis d'ampoules électriques de différentes couleurs et de projecteurs, de même que nos terrains d'aviation, dont le sol est puissamment éclairé, sont autant de perfectionnements apportés aux vols de nuit, qui présentent certains dangers, en particulier pour l'atterrissage.

Des dispositions spéciales ont été prises, de part et d'autre, pour prévenir la population d'une incursion aérienne ennemie. Une sonnerie de tocsin, le sifflement de sirènes, avertissent du danger les habitants, qui se réfugient à l'abri (1).

D'ailleurs ce n'est pas en jetant quelques bombes de temps à autre sur les villes que les Allemands intimident les populations françaises et anglaises. Les randonnées des aviateurs d'outre-Rhin, comparées aux raids accomplis par nos avions et ceux de nos alliés, font ressortir

---

(1) A Nancy — par exemple — les maisons possédant une cave solide sont indiquées sur la façade par une croix de Lorraine rouge ; celles où l'on peut téléphoner pour demander du secours sont indiquées par deux cercles concentriques rouges.

nettement notre suprématie aérienne. Tandis que nos aviateurs effectuent uniquement des bombardements d'ouvrages militaires, comme on peut le constater journellement à la lecture des communiqués officiels, et descendent parfois à 50 mètres du sol pour mieux viser et ne pas atteindre les innocents, les Allemands, au contraire, accomplissent leurs cyniques exploits sur des villes ouvertes ou des points sans importance stratégique. Il a fallu quelques raids sanglants de représailles sur de grandes villes allemandes pour mettre un frein à cette guerre aux civils, car c'est bien le dicton « Œil pour œil, dent pour dent » qu'il faut appliquer, et cette phrase, qui figura récemment dans plusieurs de nos communiqués officiels : *Il est pris acte, en vue de représailles,* fera beaucoup plus réfléchir nos ennemis que toutes les maximes morales que l'on pourrait énoncer.

C'est par la force qu'il faut vaincre, et la prodigieuse évolution de notre aviation est un sûr garant de la victoire prochaine, victoire chèrement payée, mais que nos alliés et nous devons, pour les générations futures, faire décisive et écrasante, pour entraîner une paix longue et durable.

TABLE DES GRAVURES

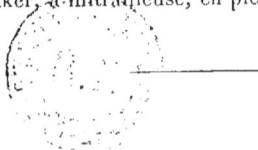

TABLE DES MATIÈRES

CHAPITRE IV

CHAPITRE V

CHAPITRE VI

CHAPITRE VII

NANCY, IMPRIMERIE BERGER-LEVRAULT · · SEPTEMBRE 1916

LIBRAIRIE MILITAIRE BERGER-LEVRAULT

PARIS, 5-7, RUE DES BEAUX-ARTS — RUE DES GLACIS, 18, NANCY

Armées modernes et Flottes aériennes, par J. Challéat, chef d'escadron d'artillerie, direction de Vincennes. 1911. Un vol. in-8, avec 19 fig., br. **1 fr. 50**

L'Aviation aux Armées et aux Colonies *et autres questions militaires actuelles,* par le général H. Frey, ancien commandant en chef de corps expéditionnaire. 1911. Un volume in-8, broché . . . . **3 fr. 50**

Balistique d'Aéroplane. *Le Problème de l'Aéro-Cible,* par P. Charbonnier, ingénieur en chef de l'artillerie navale, président de la Commission de Gâvres. 1912. Brochure in-8, avec 8 figures . . . . **1 fr.**

L'Aviation d'Artillerie. *Résumé d'une conférence* faite par le capitaine Charet au Cercle militaire de Paris, à la Réunion des officiers de réserve d'artillerie. 1912. Brochure in-8 . . . . **50 c.**

Aérostation et Aviation, par Clémentel, vice-président de la Chambre des Députés, rapporteur du budget de la guerre pour 1910. In-8, broché. . . **1 fr.**

Aérostation et Aviation. Extrait du Rapport fait au nom de la Commission du budget chargée d'examiner le projet de loi portant fixation du budget général de l'exercice 1911 (Ministère de la Guerre), par M. Clémentel, député. In-8, broché . . . . **1 fr.**

Les Cerfs-Volants observatoires, par C. Romain, chef d'escadron d'artillerie. 1912. Brochure in-8, avec 12 figures. . . . . **75 c.**

Cerfs-Volants militaires, par J.-Th. Saconney, capitaine du génie. 1909. Un volume in-8 de 100 pages, avec 37 figures, broché . . . . **2 fr. 50**

Le Vol ramé et les formes de l'aile, par le commandant L. Thouveny. Mémoire reçu par l'Académie des Sciences le 5 avril 1909. In-8, 35 pages, avec 17 figures dans le texte, broché . . . . **1 fr. 25**

Essai sur l'utilisation du Dirigeable et de l'Aéroplane en campagne, par le commandant Besseyre des Horts. 1910. Grand in-8, broché . . **1 fr.**

Flottes aériennes en France et en Allemagne. *Aéroplanes et Ballons de guerre. Lois de l'aéro-dynamique. Le dirigeable rationnel. Torpilles aériennes,* par Emile Berrubé. 1910. Brochure in-4, avec 15 figures . . . . **2 fr.**

Les Ballons dirigeables. *Théorie. Applications,* par E. Girard et A. de Rouville, élèves ingénieurs des Ponts et Chaussées, officiers de réserve du génie. 2e édition, augmentée des annexes : Le ballon *Lebaudy* — Le ballon *Patrie,* par le commandant Voyer. Nouveau tirage. 1909. Un volume in-8 de 386 pages, avec 174 figures, broché . . . . **5 fr.**

La Conquête de l'Air. *Le Problème de la locomotion aérienne. Le Ballon dirigeable,* par le capitaine breveté L. Sazerac de Forge. Avec préface de l'ingénieur H. Julliot, créateur du *Lebaudy* et du *Patrie.* 2e édition, entièrement refondue et mise à jour. 1910. Un volume grand in-8 de 825 pages, avec 269 instantanés, figures et portraits, broché. . . . . **12 fr. 50**

Aéroplanes et Cavalerie, par le capitaine Boullaire, de l'état-major de la 8e division de cavalerie. 1911. Brochure grand in-8. . . . . **1 fr.**

La Cavalerie en liaison avec l'Aéroplane, par le lieutenant Pulinx, du 1er régiment de lanciers. Suivi d'un *Essai sur la Cavalerie belge en troupe de couverture.* 1913. Brochure in-8 de 53 pages. . . . . **1 fr. 50**

Le Tir contre les Ballons en Allemagne, par Jost de Staël-Holstein, capitaine d'artillerie. 1910. Une brochure in-8, avec 13 figures . . . . . **1 fr.**

L'Homme s'envole. *Le passé, le présent et l'avenir de l'Aviation,* par le capitaine breveté L. Sazerac de Forge. Avec un *Supplément 1910.* Volume in-8 de 101 pages, avec 42 figures, broché . . . . **1 fr. 25**

Mes Premières Impressions d'Aviateur (juin 1911), par le même. Brochure in-12 . . . . **1 fr.**

Nice-Gorgone en Aéroplane (5 mars 1911), par le lieutenant Bague. Brochure in-12, avec un portrait et une carte . . . . **1 fr.**

Quand le Soleil est-il à l'Est ? *A ceux qui courent ou volent sous le Soleil. Pour combattre une erreur trop répandue,* par L. Piarron de Mondesir, colonel du génie breveté. 1910. Brochure in-8, avec 19 fig. et 1 planche. **2 fr.**

Du même Auteur :

LA GUERRE AÉRIENNE

Le rôle de la cinquième arme.

1916. Un volume in-12, avec 24 illustrations . . . . **90 c.**

Capitaine C. MARTINOT-LAGARDE
ANCIEN ÉLÈVE DE L'ÉCOLE POLYTECHNIQUE

LE MOTEUR A EXPLOSION

4ᵉ édition, revue et augmentée. 1916. Un volume in-8, avec 173 figures, broché . . . . **6 fr.**

LES MOTEURS D'AVIATION

4ᵉ édition, revue et augmentée. 1916. Un volume in-8, avec 127 figures et 2 planches hors texte, broché . . . . **5 fr.**

L'ARMÉE DE L'AIR
SA PRÉDOMINANCE ET SA TACTIQUE
Par ★★★

1915. Un volume in-12 étroit de 95 pages, avec 39 fig. et 1 planche. **2 fr.**

Dictionnaire-Manuel de l'Aéronautique militaire. 1912. Un volume in-8 étroit de 220 pages, avec 22 figures, broché . . . . **1 fr. 75**

L'Aviation militaire, par C. ADER. 8ᵉ édition, revue et corrigée. 1914. Un volume in-8, avec 55 figures et 2 planches, broché . . . . . . **4 fr.**

Avionnerie militaire. *Pointage aérien. Instruments de mesure pour avions torpilleurs. Le catachros, le vélosolmetre, l'altimètre. Tableaux du guide-visée,* par C. ADER. 1913. Un volume in-8, avec 31 figures, broché . . . . . . **3 fr.**

L'Aviation enseignée par la Structure (Salon de 1912). Suivie d'une Note sur le mouvement perpétuel, par F. ROUX, architecte honoraire du Gouvernement, membre de la Société française de Navigation aérienne. 1912. Un volume in-12 de 225 pages, broché . . . . **3 fr.**

Pour la Sécurité des Aviateurs. *Les métamorphoses du coefficient* **K,** par le même. 1911. Un volume in-12, broché . . . . **1 fr.**

Les Aéroplanes. *Leur erreur. Leurs dangers,* par le même. 1910. Un volume in-12, broché . . . . **1 fr.**

L'Aviation. Ses Débuts. Son Développement. *De crête à crête. De ville à ville. De continent à continent,* par le capitaine F. FERBER (DE RUE). Nouvelle édition. 1910. Un volume in-8, avec 117 figures et 2 portraits, broché. **5 fr.**

Théorie élémentaire des Aéroplanes. *Leur anatomie. Leur avenir militaire,* par le lieutenant ESCUDIER. 1911. Brochure in-8 de 72 pages, avec 28 figures. . . . . **2 fr.**

De la Portée des Projecteurs de lumière électrique, par Jean REY, ingénieur civil des Mines. 1915. Volume grand in-8, avec 27 figures et 6 planches in-folio . . . . **7 fr. 50**

Les Applications de la Télégraphie sans fil, par E. ROTHÉ, professeur à la Faculté des Sciences de Nancy. 1913. 2ᵉ édition. Volume in-8, avec 68 fig., relié en percaline . . . . **4 fr.**

NANCY, IMPRIMERIE BERGER-LEVRAULT